W0033774

100 Gedichte aus der DDR

Quart*buch*

100 Gedichte aus der DDR

Herausgegeben von Christoph Buchwald und Klaus Wagenbach

Verlag Klaus Wagenbach   Berlin

Prolog

Auferstanden aus Ruinen

Das Aufbegehren und die Macht

Die Geräusche meines Lands

Proben des Grenzfalls

Epilog

Prolog

Johannes R. Becher *Nationalhymne*
der Deutschen Demokratischen Republik

Auferstanden aus Ruinen
Und der Zukunft zugewandt,
Laß uns dir zum Guten dienen,
Deutschland, einig Vaterland.
Alte Not gilt es zu zwingen,
Und wir zwingen sie vereint,
Denn es muß uns doch gelingen,
Daß die Sonne schön wie nie
Über Deutschland scheint.

Glück und Friede sei beschieden
Deutschland, unsrem Vaterland!
Alle Welt sehnt sich nach Frieden!
Reicht den Völkern eure Hand.
Wenn wir brüderlich uns einen,
Schlagen wir des Volkes Feind.
Laßt das Licht des Friedens scheinen,
Daß nie eine Mutter mehr
Ihren Sohn beweint!

Laßt uns pflügen, laßt uns bauen,
Lernt und schafft wie nie zuvor,
Und der eignen Kraft vertrauend,
Steigt ein frei Geschlecht empor.
Deutsche Jugend, bestes Streben
Unsres Volks in dir vereint,
Wirst du Deutschlands neues Leben,
Und die Sonne schön wie nie
Über Deutschland scheint.

Auferstanden aus Ruinen

Peter Huchel *An taube Ohren der Geschlechter*

Es war ein Land mit hundert Brunnen.
Nehmt für zwei Wochen Wasser mit.
Der Weg ist leer, der Baum verbrannt.
Die Öde saugt den Atem aus.
Die Stimme wird zu Sand
Und wirbelt hoch und stützt den Himmel
Mit einer Säule, die zerstäubt.

Nach Meilen noch ein toter Fluß.
Die Tage schweifen durch das Röhricht
Und reißen Wolle aus den schwarzen Kerzen.
Und eine Haut aus Grünspan schließt
Das Wasserloch,
Als faule Kupfer dort im Schlamm.

Denk an die Lampe
Im golddurchwirkten Zelt des jungen Afrikanus:
Er ließ ihr Öl nicht länger brennen,
Denn Feuer wütete genug,
Die siebzehn Nächte zu erhellen.

Polybios berichtet von den Tränen,
Die Scipio verbarg im Rauch der Stadt.
Dann schnitt der Pflug
Durch Asche, Bein und Schutt.
Und der es aufschrieb, gab die Klage
An taube Ohren der Geschlechter.

[1962]

Heiner Müller *Bericht vom Anfang*

1

Vom Pfennig lebend haben sie gekämpft
wie um ihr Leben um den Pfennig. So
hat sies gelehrt die Welt, in der für sie nur
Platz war ganz unten.
                   Als die Spitze abbrach
viel noch erschlagend ringsum, Trümmer streuend auf die
nicht Mitgefallnen, kam was unten war
nach oben stolpernd übern Trümmerberg langsam.

2

Zwar war der Pfennig nun gemeinsam, aber
was für ein karger Pfennig! Zwar das Brot
gehörte allen, aber sättigte keinen.

3

Das hieß: Kampf für den Pfennig anstatt um ihn.
Ein Heutewenig für ein Morgenviel.

4

Zwar war das Ziel erreicht. Doch zugeschüttet
vom Trümmerberg. Und Stein bleibt Stein, schwer zu bewegen.

5

Da waren die Geduldigen ungeduldig.
Da waren nach durchwachter Nacht früh müde
die Unermüdlichen...
Die lange kämpften sahn den Sieg nicht
vor Schweiß der brannte wie die Träne vorher.
Die Überlebenden aus großen Kriegen
um den Platz am Tisch, Frieden und Schuhwerk
den Sieg in den Händen, aber noch nicht in der Tasche
fanden, was da zu tun war, schwierig.

6

Zwar sprach da eine Stimme von vorn her
zu ihnen: ihr Geduldigen, habt Geduld!
Ihr Unermüdlichen, seid unermüdlich!
Kämpft weiter, ihr Siegreichen ...
                            Zwar sie gingen
den Weg, bezeichnet von der Stimme, denn
da war kein besserer, aber sie wußten
Nicht, daß da ihre eigne Stimme sprach.

7

Doch waren ihre Hände klüger als
ihr Kopf war, und sie taten was zu tun blieb.
Den Baustein schmähend bauten sie die Häuser
den Schritt verfluchend gingen sie den Weg
sehend die Wolke, nicht den Himmel drüber
und nicht die Straße, nur der Straße Staub.

8

Noch als das Haus schon stand, gebaut für sie
von ihnen, wußten sie nicht, was da
gebaut war. In die Türe tretend noch
blickten sie hinter sich, fragend: warum
verjagt uns keiner? Es gehört wohl keinem?

9

Die in der Kunst des Nehmens nicht
Geübten nahmen da das ihre in
Besitz nur zögernd. Die solang Bestohlnen
verdächtigten sich da des Diebstahls selber.

10

Immer vor ihnen aber war die Stimme
die sprach zu ihnen: Es genügt nicht! Bleibt
nicht stehn! Wer stehn bleibt fällt! Geht weiter! So
im Immerweitergehn folgend der Stimme
wurde das Schwierige einfach
wurde das Unerreichbare erreicht.
Und überm Immerweitergehn erkannten
sie: die da sprach war ihre eigne Stimme.

Johannes Bobrowski *Holunderblüte*

Es kommt
Babel, Isaak.
Er sagt: Bei dem Pogrom,
als ich Kind war,
meiner Taube
riß man den Kopf ab.

Häuser in hölzerner Straße,
mit Zäunen, darüber Holunder.
Weiß gescheuert die Schwelle,
die kleine Treppe hinab –
Damals, weißt du,
die Blutspur.

Leute, ihr redet: Vergessen –
Es kommen die jungen Menschen,
ihr Lachen wie Büsche Holunders.

Leute, es möcht der Holunder
sterben
an eurer Vergeßlichkeit.

Bertolt Brecht *Zwei Buckower Elegien*

Und ich dachte immer

Und ich dachte immer: die allereinfachsten Worte
Müssen genügen. Wenn ich sage, was ist
Muß jedem das Herz zerfleischt sein.
Daß du untergehst, wenn du dich nicht wehrst
Das wirst du doch einsehn.

Gewohnheiten, noch immer

Die Teller werden hart hingestellt
Daß die Suppe überschwappt.
Mit schriller Stimme
Ertönt das Kommando: Zum Essen!

Der preußische Adler
Den Jungen hackt er
Das Futter in die Mäulchen

Günter Kunert *Bedauerlicher Hitler*

1   Bedauerlicher Hitler,
    gejagt von Plänen ohne Maß,
    zu Fuß dabei in seinem Reich von Front zu Front,
    zu den Armeen,
    die kaum verlassen, schon gefallen sind.

2   Autobahnen Panzerwagen Bomben sogar
    schafft er selber, indem er dort Zement aufschüttet,
    da eine Panzerplatte walzt und hier
    den Sprengstoff einwiegt, wobei
    ihn höchstens eine Tasse Brühe stärkt.

3   Auch ständig ohne Schlaf, denn die Gemälde
    und Gedichte, die ihn als ihn feiern,
    fertigt er zu später Nachtstund
    einsam selber.

4   In den Menschenschlächtereien
    krepierte keiner, würfe nicht er
    mit eigner Hand das Todesgas auf jene, die seiner
    erbarmungslos geharrt.
    Während er die Leichen, Millionen um Millionen Stück,
    vor die Verbrennungsöfen schleppt, bleibt
    ihm kaum Rast
    von dem belegten Brötchen abzubeißen, das,
    halbvertrocknet, er bei sich führt,
    der Führer.

5   O trübes Schicksal des gewalttätig Gewaltigen,
    daß er alles, was er tat, allein getan, schlachten
    seinen Leichnam aus
    Wurm und Plutarch junior, Platz zu schaffen
    für und für
    immer wieder neue alte selbe gleiche:
    Kopien ohne Original.

Heinar Kipphardt *Bäder*

Manchmal wenn ich gekachelte Räume betrete
ein Bad, einen Waschraum
eine gekachelte Schwimmhalle
sehe ich mich nach Spuren um
Haar in den Abflüssen
heruntergeflossenes Lysol
Sekret an den Borsten des Scheuerbesens.
Am Rost der Duschen
an weißen Kristallen aus Kalkresten
schnuppere ich zwanghaft
hör' ein Gesumme wie Bienen
das leiser wird und verstummt.
Entschuldige mich beim Wärter
der in der Tür steht
und mich beobachtet hat.
Sie sind wohl fremd hier?
Nein, nein.

[1981]

Stephan Hermlin   *Die Asche von Birkenau*

Leicht wie später Wind, wie die Kühle,
Vorm Regen die Schwalbenbahn,
Wie Gewölk nach getränkter Schwüle,
Wie der Pollen vom Löwenzahn,
Leicht wie der Schnee auf den Lidern der Toten,
Wie ein alter Kinderreihn,
Wie Schmetterlingslast am roten
Mund der Nelke, leicht wie ein
Gericht, das die Kranken essen,
Wenn sie am Sterben sind,
So leicht ist das Vergessen,
Wie Kühle und später Wind…

———————

Wo Tag sich und Nacht verflechten,
Der Rost am Geleise frißt,
Ist die Asche der Gerechten, Ungerächten
Am Mast der Winde gehißt.
Birkenau ohne Birken
Liegt abends ganz allein,
Und die Disteln wirken
Zeichen über den Stein.
Als auf den Feldern von Polen
Die Mittagsdistel erblich,
Hieß die Erde an meinen Sohlen
Entsinne dich…

———————

Schwer wie im Berg das Eisen,
Wie das Schweigen vor dem Entschluß,
Wie der Baumsturz an Nebelschneisen,
Wie auf unsern Lippen der Ruß
Von denen, die man verbrannte,
Schwer wie das letzte Fahrwohl;
Die man ins Gas sandte,

Waren des Lebens voll,
Liebten die Dämmerung, die Liebe,
Den Drosselschlag, waren jung;
Schwer wie vorm Sturm Wolkengeschiebe
Ist die Erinnerung.

———————

Doch die sich entsinnen,
Sind da, sind viele, werden mehr.
Kein Mörder wird entrinnen,
Kein Nebel fällt um ihn her.
Wo er den Menschen angreift,
Da wird er gestellt.
Saat von eisernen Sonnen,
Fliegt die Asche über die Welt.
Allen, Alten und Jungen,
Wird die Asche zum Wurf gereicht,
Schwer wie Erinnerungen
Und wie Vergessen leicht.

Die da *Frieden* sagen
Millionenfach,
Werden die Herren verjagen,
Bieten dem Tode Schach,
Die an die Hoffnung glauben,
Sehen die Birken grün,
Wenn die Schatten der Tauben
Über die Asche fliehn:
Lied des Todes, verklungen,
Das jäh dem Leben gleicht:
Schwer wie Erinnerungen
Und wie Vergessen leicht.

B. K. Tragelehn *Grundschule*

Die Vaterstadt wie find ich sie doch
Der Wind weht über die leeren Flächen
Zwischen den wenigen neu aufgebauten
Und wenigeren übrig gebliebenen Häusern.
Die Bomber unter denen im Keller das Kind
Das ich war gehockt hat ums Leben zitternd
Während die Einschläge näher rückten
Das Licht verlöschte die Wände schwankten
Die Bomber flogen erleichtert nachhause
Und ich stieg heraus aus dem Keller an
Die Wand gedrückt weil Feuer tropfte schiß
Ins Gebüsch auf dem Platz und sah erleichtert
Die Stadt brennt. Achtjährig hatte ich
Zum ersten Mal ein Urteil. Sie gefiel mir.
Damit etwas kommt muß etwas gehen

[1985]

Paul Wiens *Berlin dreiundfünfzig*

Den siebenjährigen

Mit euch, siebenjährige, mußten wir
buchstabieren aufs neue die fibel der jahre,
umblättern mühsam die brüchigen
seiten der heimatstadt, unsre sprache
erlernen aufs neue, schaufelnd.

Die schule im trümmerfeld empfing uns
nicht mit zuckerguß, und wir traten
wohl unwissend über die schwelle,
aber nicht unschuldig.

Lange reinigten wir die innenbezirke,
lange taten wir das notwendige nur mit unmut,
um zu erkennen, daß die klareren
gedanken herrschen sollen
und der wille der einfachen.

Johannes R. Becher *Größe und Elend*

Wie groß er ist: der Mensch! Und wie allmächtig
Erhebt er sich bis in die Stratosphäre.
Und Werke, wahrheitstief und farbenprächtig,
Hat er vollbracht! Dem Menschen Ruhm und Ehre!

Wie elend ist der Mensch! Wie schwach und schmächtig!
Wieviel an Irrtum und an falscher Lehre!
Wie nichtig ist er und wie niederträchtig!
Und kein Verbrechen, das zu schwer ihm wäre!

Wie hoffnungslos! Wie überlebensgroß!
Ein Wesen, das in sich vereint und trennt
Das menschlich Gute und das menschlich Böse.

Vollendet sich und – sagt sich von sich los.
Seht, welch ein Wesen, das in sich erkennt:
Des Menschen Elend und des Menschen Größe.

Rainer Kirsch *Meinen Freunden, den alten Genossen*

Wenn ihr unsre Ungeduld bedauert
Und uns sagt, daß wirs heut leichter hätten
Denn wir lägen in gemachten Betten
Denn ihr hättet uns das Haus gemauert –

Schwerer ist es heut, genau zu hassen
Und im Freund die Fronten klar zu scheiden
Und die Unbequemen nicht zu meiden
Und die Kälte nicht ins Herz zu lassen.

Denn es träumt sich leicht von Glückssemestern;
Aber Glück ist schwer in diesem Land.
Anders lieben müssen wir als gestern
Und mit schärferem Verstand.

Und die Träume ganz beim Namen nennen;
Und die ganze Last der Wahrheit kennen.

[1962]

Erich Arendt *Nach dem Prozeß Sokrates*

Steingrauer Tag,
der sein Lid senkt.
Knie nicht
in den Schatten!

Spreu
schleifen die Stunden,
Spreu, abermillion, die
halt nicht machen

vor deiner Stirn
– Trauerschafott –,
schneller und
schneller, ohne
Geheimnis, und –
kein blutender Kern.

Verzweifelt die
chimärischen Fahnen,
sie blichen im jäh
verdämmernden
Rot.

Gleichgeschaltet
mit abwaschbaren
Handschuhn
gleichgeschaltet durch die
gezeichneten Finger
das erschöpfte
tausendströmige Herz.

    Die da
handeln, an Tischen,
mit deiner Hinfälligkeit,
allwissenden Ohrs,
ledernen
Herzens ihr Gott, sie
haben das Wort:

                    Worte,
gedreht und
gedroschen: Hülsen
gedroschen, der
zusammengekehrte Rest.

Gehend im Kreis
der erschoßnen Gedanken
– wie war
doch der Atem groß –
halt versiegelt den Mund, daß
der Knoten
Blut
nicht Zeugnis ablege!

Wo Freude und Recht
gemeuchelt lag,
an der Wand
der Geschichte
stets noch: Du!

Gehend im Kreis – doch
der Meteor
Verfinsterung jagt
am ummauerten Himmel.
                    knie nicht –
Blutwimper, schwarz:
das Jahrhundert.

Heiner Müller   *Philoktet 1950*

Philoktet, in Händen das Schießzeug des Herakles, krank mit
Aussatz ausgesetzt auf Lemnos, das ohne ihn leer war
Von den Fürsten mit wenig Mundvorrat, zeigte da keinen
Stolz, schrie, bis das Schiff schwand, von seinem Schrei nicht gehalten
Und gewöhnte sich ein, Beherrscher des Eilands, sein Knecht auch
An es gekettet mit Ketten umgebender Meerflut, von Grünzeug
Lebend und Getier jagbarem zehn Jahre lang auskömmlich.
Nämlich im zehnten vergeblichen Kriegsjahr entsannen die Fürsten
Des Verlassenen sich. Wie den Bogen er spannte, den weithin
Tödlichen. Schiffe schickten sie, heimzuholen den Helden
Daß er mit Ruhm sie bedecke. Doch zeigte der ihnen da seine
Stolzeste Seite. Gewaltsam mußten sie schleppen an Bord ihn
Seinem Stolz zu genügen. So holte er nach das Versäumte.

Peter Gosse *Schok*

1

Ein Tschekist namens Schok
beorderte zur Mitarbeit, ihrer Klugheit wegen,
Olja, die von leuchtender Haut war
und sich als Verräterin erwies.

2

Darauf zog das Gerücht,
Schok, ihrem Lustreiz erlegen, habe gewusst,
unaufhaltsame Kreise.
So daß, die Tscheka nicht ins Zwielicht zu stellen, er
zur Patrone verurteilt wurde.

3

Ich weiß, sagte ruhig der Richter, ein Vorgesetzter,
du bist ohne Schuld.
Es wird schwer sein, dich zu vergessen.

4

Da seiner Frau
Zweifel an ihm, Schok, nicht kommen würde,
doch ihr nicht kommen sollte Zweifel
am Rechtsspruch der jungen Republik,

5

schrieb ihr Schok, die Erschießung
wurde verlautbart, die Feinde zu täuschen. In Wahrheit
rufe ihn die unaufhaltsame Revolution dringend in ein weiteres Land.

Hartmut Lange *Trotzki in Coyoacan*

Da sitzt er nun mit 61 Jahren
Ehrlos, verstoßen ein gehaßter Greis
Daß er doch die Ehre hatte, den Beweis
Wird seine Nachwelt billig nun erfahren.

Trotzki! er baute sehr auf den Verstand
Doch auf den eignen, und das kann nicht dauern
Wer sich nicht selber einengt, trifft auf Mauern
Wer keinen Felsen findet, baut auf Sand.

Trotzki! die Tugend in der größten Größe
Durch Schäbigkeit und Kleinheit unerschüttert
Immer im Recht und immer ohne Blöße

Füttert zuletzt, da ihm nichts Bessres blieb
Ein paar Kaninchen, hat sie herzlich lieb!
Das ist die Tugend, die uns sehr erbittert.

[1971]

Georg Maurer   *Ihr Toten*

Ihr Toten, auch wenn der Nachen schon abstößt,
werft ans Ufer, was ihr noch habt in den Taschen
an Schönem. Habt keine Angst, ihr werdet nicht
gefilzt vom Fährmann, der tut seine Pflicht am Ruder
wie eine Uhr. Aus den Taschen holt das letzte
Notenblatt, eine Bauskizze oder eine Radierung,
vielleicht ein Gedicht, einen Ratschlag,
aufgeschrieben auf die Rückseite einer Zündholzschachtel.
Werft sie uns zu, wir stehn gedrängt am Ufer
und fangen sie auf. Hier ist es windstill.
Sie erreichen uns. Fällt eins ins Wasser,
wir haben Mutige unter uns, mit aufgestreiftem Ärmel
greifen sie in den eisigen Fluß und fischen sie
heraus. Wir trocknen sie an der Sonne. Wir haben
Findige, die entziffern die verwischtesten Buchstaben,
ziehn die Linien nach, daß nichts verloren geht
in der Nacht, aus der nichts wiederkommt.
Seht, wie wir entlanggehn am Ufer
suchend, was hinabging in den Sand,
und tragen es landeinwärts.

[1968/69]

31

Heinz Kahlau   *An Kleinbürgergräbern*

Als sie Kinder waren,
besaßen sie sich und sonst nichts.
Dann verkauften sie sich,
um zu besitzen:
Nahrung und Nachkommen,
ein angenehmes Leben und ein Vaterland.

Sie erstanden das Recht:
Ihre Kraft zu vergeuden für einen Broterwerb.
Ihre Zeit zu vergeuden für einen Schrebergarten.
Ihre Einfalt zu vergeuden für eine Meinung.
Ihr Leben zu vergeuden für ein Ansehn.

Ihr Broterwerb blieb ungenügend.
Ihr Schrebergarten verschandelte die Landschaft.
Ihre Meinung belästigte die Nachkommen.
Ein Ansehen erreichten sie nie.

Als sie starben, starben sie häßlich,
linkisch, unbedeutend und unbefriedigt.
Für ein fröhliches Aus-der-Welt-Gehen
besaßen sie nichts.
Alles, was sie besessen hatten, als sie gekommen waren,
hatten sie aufgebraucht bei ihren Bemühungen
um den Besitz.

Inge Müller *Wir*

Wir, sagte einer, der dazugehört
Sind die verlorne Generation
Sie haben uns um unsre Ration geprellt
Das uns Zustehende war schon verteilt
Wir wurden mit der Lügenflasche aufgezogen
Gefüttert mit dem Brei der Heuchelei
Gezüchtigt mit der Peitsche der Vergangenheit
Geängstigt mit dem Teufel an der Wand
Bis wir das Gängelband zerrissen aus Furcht
Und stolpernd über unsre eignen Füße fielen
Im Namen unsrer Väter schrien wir Heil
Und glaubten unser eigenes
(Und wer von uns den Mund nicht auftat
Würgend an unverdaubaren Schalen
Spie hin und wieder aus ins Gebüsch: der Magen
War gesünder als der Kopf)
Wir lernten Preußens Gloria und drei vier:
Ein Lied und Deutschland, Deutschland über alles
Über die eigne Leiche gehn fürs Vaterland
Marsch, marsch: Volk ans Gewehr. Deutsch sein
Heißt treu sein; Kopf ab zum Gebet
Humanismus heißt: JEDEM DAS SEINE
(Die Mauer steht noch, wo das steht).

Helga M. Novak   *Ballade von der reisenden Anna*

1

Anna zog mit dreizehn Jahren nach dem Osten um den Kammern und
den Öfen zu entfliehn denn der süße Rauch stank widerlich hieß die
Mutter sie nach Rußland ziehn vor sich sahn sie rote Fahnen hinter sich
die braunen Posten

2

nach dem ersten freudevollen Ankunftsglück fuhr die Anna mit dem Rei-
seautobus südwärts in ein Schülerinternat ihre Mutter las im Lehrerweih-
nachtsgruß – Anna – die sei fleißig und begabt insbesondre für Physik

3

damals streunten durch die Apparate schwarze Listen und rissen eines
Morgens Annas Mutter aus dem Schlaf die Emigranten hatten sichs nicht
nehmen lassen mitzubalgen und hatten sie als Stalin-Feind entlarvt sie
schickten sie ganz ruhig untern Galgen zu den Trotzkisten

4

Anna bündelte mit starrer Miene wieder die Kledasche – reisen – denkt sie
als es laut empört und hysterisch aus den Lehrerkehlen sprudelt – haben
die Genossen schon gehört ein Trotzkistenkind hat unsern Ort besudelt
Sabotage Spionage

5

Sibiriens Sonne brannte heiß auf den Viehwaggon und ein Mann mit
uniformer Mütze brachte zweimal täglich schwarzes Brot mittags kam er
mit nem Blechtopf Grütze und der Stern an seiner Jacke der war rot wie
ein Lutschbonbon

6

über ihrer Blockhaussiedlung zitterte ein fremder Wind doch Anna lern-
te Bäumefällen leicht mit siebzehn Jahren bis sie selbst gefällt von Igor bei
den Stapelflecken und in ihren kurzgeschornen Haaren blieb ein weißer
Fetzen Birkenborke stecken und es folgte jedes Jahr ein Kind

7
irgendwo im Westen ging ein Krieg über Weizenfelder und die Anna
durfte dafür büßen keiner spielte mit den Kindern und zu Haus begann
denn man hatte aufgehört auch ihn zu grüßen heimlich Sprit zu brennen
Annas Mann im Kartoffelkeller

8
fünfzehn Jahre später kam die große Wende der kollektive Rundfunk
versprach Gerechtigkeit Morde Spitzeleien Fehlurteile seien aus und ein
Schreiben brachte Anna den Bescheid packe unverzüglich deine Sachen
fahr nach Hause die Verbannung ist zu Ende

9
ohne Igor nicht zu fahren hatte Anna sich gedacht doch sie sagten auf
dem Rat daß das gar nicht geht sie müßt mit den Kindern weg und zwar
schnell Igor hätte keine deutsche Nationalität blieb sie aber wäre vor dem
Volk ihr Fall nicht wiedergutgemacht

10
in Berlin steht Anna in einem leeren Zimmer ihre Mutter ist rehabilitiert
worden urkundlich unter Glas hängts an der Wand sie zeigt es ihren Söh-
nen wie einen Orden es fällt dabei auf ihre ausgestreckte Hand ein Abend-
sonnenschimmer

[1965]

Steffen Mensching   *Amtliches Fernsprechbuch,*
Reichspostbezirk Berlin 1941

Ich wähle die alten Nummern durch.
Überall Freizeichen.
Tüüüüt, tüüüüt, hohe gleichlange Summertöne.
Niemand hebt ab:
Sechsundneunzig, nullvier, neunundzwanzig,
Erich Kästner, Roscherstr. 16,
Zuckt nur zusammen und schreibt weiter
Am Münchhausen-Film,
Während in den Heinekel-Werken Oranienburg
Fleißig gearbeitet wird,
Und Professor Arno Breker in Dahlem,
Im Staatsatelier
An einem nordischen Giganten hämmert.
Niemand hebt ab:
Karl Hofer und Günter Eich und Herr Ardenne nicht.
Sie sind nicht zu Hause
Oder haben aufgehört zu telefonieren,
Weil man nie genau weiß,
Wer in der Leitung sitzt. Tüüüüt, tüüüüt, Pastor Niemöller
Und die jüdische Kultusvereinigung
Sind unerreichbar: Vierzwo, haut ab!, fünfneun,
Geht weg!, zwoeins. Kein Grund
Zur Besorgnis, sagt Frau Dr. Lewisson, Gertrud Sara
Und verschreibt ein Mittel
Gegen Gastritis, in Charlottenburg, Sybelstr. 49,
Sprechstunde täglich
Von 4 bis 6 nachmittags, außer Sonnabend,
Aber schon im September
Wird sich ein anderer Arzt unter ihrer Nummer melden.
Ich beuge mich dennoch
Über das rote Telefonbuch und finde Dr. Adenauer,
Der eine rosige Zukunft hat,
Und das Geheime Staatspolizeiamt Berlin,
Wo die Beamten

Keine Hand frei haben für das Telefon,
Das ständig klingelt,
Und auf der Seite Tausendzweihundertsechsundzwanzig
Harro Schulze-Boysen,
Der noch nicht weiß, daß er schon tot ist.
Er denkt in der Küche
An die gewarnten Genossen in Moskau,
Aber die hören ihn nicht,
Und auch mein Onkel Hans, Regierungsrat
In Zehlendorf, hört mich nicht:
Ich rufe ihm zu: dein Sohn stirbt
In knapp sechs Wochen
Vor Smolensk mit einem Bauchschuß,
Und sein Sohn Klaus liegt
Auf dem Bauch neben seiner neuen Freundin
Am Badestrand Wannsee
Und hat keine Ahnung, wo Smolensk liegt.
Tüüüüt, tüüüüt, tüüüüt.
Und ich bekomme einfach keinen Anschluß
Beim Telegramm-Dienst:
Einundvierzig, elf und elf: Eine Depesche
An meine zukünftigen Eltern:
Dringend + ihr müßt euch bewahren + um beinah
Jeden Preis + ich komme in 17 Jahren.
Aber niemand hebt den Hörer ab. Die einzige Verbindung
Besteht in meinem Kopf.
Das Jahr 41 ist besetzt: Tuuuut, tuuuut, tuuuut,
Ein langer andauernder Summerton.

[1984]

37

Peter Huchel *Psalm*

Daß aus dem Samen des Menschen
Kein Mensch
Und aus dem Samen des Ölbaums
Kein Ölbaum
Werde,
Es ist zu messen
Mit der Elle des Todes.

Die da wohnen
Unter der Erde
In einer Kugel aus Zement,
Ihre Stärke gleicht
Dem Halm
Im peitschenden Schnee.

Die Öde wird Geschichte.
Termiten schreiben sie
Mit ihren Zangen
In den Sand.

Und nicht erforscht wird werden
Ein Geschlecht,
Eifrig bemüht,
Sich zu vernichten.

Volker Braun   *Kommt uns nicht mit Fertigem*

Kommt uns nicht mit Fertigem! Wir brauchen Halbfabrikate.
Weg mit dem faden Braten – her mit dem Wald und dem Messer.
Hier herrscht das Experiment und keine steife Routine.
Hier schreit eure Wünsche aus: Empfang beim Leben.
Zwischen die Kontinente, zu allen Ufern
Spannt seine Muskeln das Meer unserer Erwartungen.
An alle Küsten trommeln seine Finger die Brandung
Über die Uferklinge läßt es die Wogen springen und aufschlagen.
Immer erneut hält es die Flut hoch und gibt es sie auf.

Für uns sind die Rezepte nicht ausgeschrieben, mein Herr.
Das Leben ist kein Bilderbuch mehr, Mister, und keine peinliche
                                    Partitur, Fräulein.
Hier wird ab sofort Denken verlangt.
Raus aus den Sesseln, Jungs! Feldbett – meinetwegen.
Nicht so feierlich, Genossen, das Denken will heitere Stirnen!
Wer sehnt sich hier nach wilhelminischem Schulterputz?
Unsere Schultern tragen einen Himmel voll Sternen.

Hier wird Neuland gegraben und Neuhimmel angeschnitten –
Hier ist der Staat für Anfänger, Halbfabrikat auf Lebenszeit.
Hier schreit eure Wünsche: an alle Ufer
Trommelt die Flut eurer Erwartungen!
Was da an deine Waden knallt, Mensch, die tosende Brandung:
Das sind unsere kleinen Finger, die schießen nur
Bißchen Zukunft vor, Spielerei.

Kuba (Kurt Barthel)   *Sagen wird man über unsre Tage*

Sagen wird man über unsre Tage:
Altes Eisen hatten sie und wenig Mut,
denn sie hatten wenig Kraft nach ihrer Niederlage.
Sagen wird man über unsre Tage:
Ihre Herzen waren voll von bittrem Blut.
Und ihr Leben lief auf ausgefahrnen Gleisen,
wird man sagen –
Und man wird auf gläsernen Terrassen stehn –
Und auf Brücken deuten –
Und auf Gärten weisen. –
Und man wird die junge Stadt zu Füßen liegen sehn
und wird sagen:
Die den Grundstein dazu legten,
wurden ausgelacht und hungerten,
und doch
planten sie und bauten und bewegten
Trümmersteine.
Und im überlegten Handeln
fluchten sie.
Ach,
zweifelten sie noch ihre eigne Kraft an.

Denn ein böses Erbe,
Krieg und Kriegsbetrug verwirrte ihren Sinn.

Doch den Kriegen folgte jene Zeit der Wettbewerbe,
und die Zeit der Wettbewerbe
war der Anbeginn.

[1949]

Manfred Bieler   *Melkmaschine. Parodie auf Kuba*

Mädchen an der Melkmaschine
mit den vierundzwanzig Stöpseln,
bist nicht mehr die dumme Trine,
läßt dich nicht vom Schloß veräpseln.
Kennst die These –
Exportieren:
Käse, Butter, Milch.
Und du kennst die Antithese –
Importieren:
Butter, Milch und Käse.
Doch auch die Synthese dann
fährt dir in die Beine wieder:
Bäckerbursch und Hütejung,
rund die Hüften,
rund das Mieder,
rund die kecken,
rund die weißen,
rund die mondlichtfarbenen
heißen,
strammen,
festen,
kleinen
Glieder.

Denn die Milch ist jetzt dein
und der Kessel,
das Euter, die Kuh
und die Maschine
und die vierundzwanzig Stöpsel.

Und lächelnd gedenkst du
der blühenden Steppen
an Wolga und Don.

[1958]

Christa Reinig *Hört weg!*

kein wort soll mehr von aufbau sein
kein wort mehr von arbeit und altersrente
hört weg – ihr helden – ich rede allein
für asoziale elemente

für arbeiter die nicht mehr arbeiten wollen
für die stromer und wüsten matrosen
für die sträflinge und heimatlosen
für die zigeuner und träumer und liebestollen

für huren in häusern mit schwülen ampeln
für selbstmörder aus zerstörungslust
und für die betrunknen die unbewußt
ein stück von einem stern zertrampeln

ich rede wie die irren reden
für mich allein und für die andern blinden
für alle die in diesem leben
nicht mehr nach hause finden

[1963]

Bertolt Brecht *Nicht so gemeint*

Als die Akademie der Künste von engstirnigen Behörden
Die Freiheit des künstlerischen Ausdrucks forderte
Gab es ein Au! und Gekreisch in ihrer näheren Umgebung
Aber alles überschallend
Kam ein betäubendes Beifallsgeklatsche
Von jenseits der Sektorengrenze.

Freiheit! erscholl es. Freiheit den Künstlern!
Freiheit rings herum! Freiheit für alle!
Freiheit den Ausbeutern! Freiheit den Kriegstreibern!
Freiheit den Ruhrkartellen! Freiheit den Hitlergenerälen!
Sachte, meine Lieben!

Dem Judaskuß für die Arbeiter
Folgt der Judaskuß für die Künstler.
Der Brandstifter, der die Benzinflasche schleppt
Nähert sich feixend
Der Akademie der Künste.

Aber nicht, um ihn zu umarmen, sondern
Ihm aus der schmutzigen Hand die Flasche zu schlagen
Forderten wir die Freiheit des Ellbogens.
Selbst die schmalsten Stirnen
In denen der Friede wohnt
Sind den Künsten willkommener als jener Kunstfreund
Der auch Freund der Kriegskunst ist.

Karl Mickel   *Die Friedensfeier*

Zuerst werden wir uns blütenweiße Hemden kaufen
Dann lassen wir uns drei Tage lang vollaufen

Wenn wir wieder nüchtern und kalt abgeduscht sind
Machen wir unseren Frauen jeder ein Kind

Dann starrn wir rauchend den sternvollen Himmel an.
Morgens dann, viertel nach vier, geht der run

Auf Schneidbrenner los, die begehrten Artikel
Einen davon nimmt Mickel.

Dann verteilen wir uns über Luft, Land und Meer
Und machen uns über das Kriegsgerät her

Und alles hackt und schneidet, zerrt, reißt, schweißt
Spuckt an, pißt dran, sitzt oben drauf und scheißt

Und schmeißt mit Steinen, sprengt mit Sprengstoff weg:
Das ist des Sprengstoffs höchsterrungner Zweck!

In Geschützrohre bohren wir kleine Löcher hinein
Dort ziehen dann Spechte und Stare ein

Wers kann, kann auf ausgeblasnen Raketen
Wie auf Taminos Zauberflöte flöten

Mit U-Booten fangen wir Haie und andere Fische
Die Frauen decken die Generalstabstische

An Schlagbäumen werden Ochsen und Hammel gebraten
Von nackten Männern, die waren Soldaten

Und besser als die Uniformen können
Wärmt sie das Feuer, drin die Uniformen brennen.

Rot glühn die Martinöfen auf, in ihren Bäuchen
Vergehn, entstehen Welten! Wie wir keuchen

Vor Wollust, wenn wir sehen: hart wird weich
Und wenn sichs wieder härtet, wird zugleich

Das Krumme grad. Wir waren krumm und dumm!
Wir schleppen Schrott, wir schmieden, pflügen um

Wenn wir dann die müd-müden Rücken recken
Durchstoßen die Köpfe die Zimmerdecken

Nur in den Nächten jahrein, jahraus
Wir träumen uns ins Mauseloch als Maus.

[1961]

Das Aufbegehren und die Macht

Sarah Kirsch *Schwarze Bohnen*

Nachmittags nehme ich ein Buch in die Hand
Nachmittags lege ich ein Buch aus der Hand
Nachmittags fällt mir ein es gibt Krieg
Nachmittags vergesse ich jedweden Krieg
Nachmittags mahle ich Kaffee
Nachmittags setze ich den zermahlnen Kaffee
Rückwärts zusammen schöne
Schwarze Bohnen
Nachmittags zieh ich mich aus mich an
Erst schminke dann wasche ich mich
Singe bin stumm

[1968]

Reiner Kunze *Die Bringer Beethovens*

für Ludvík Kundera

Sie zogen aus, Beethoven zu bringen
jedermann
Und da sie auch eine schallplatte hatten
spielten sie zur rascheren einsicht
die sinfonie nr. 5 c-moll opus 67

Der mensch M. aber sagte,
es sei ihm zu laut, das
mache sein alter

Über nacht setzten die bringer Beethovens
maste an straßen und plätze
spannten drähte befestigten
lautsprecher und mit dem morgen
ertönte zur bessren gewöhnung
die sinfonie nr. 5 c-moll opus 67,
laut genug daß sie gehört ward
auch in der ferne

Der mensch M. aber sagte, ihn schmerze der kopf,
ging heim gegen mittag schloß
türen und fenster und lobte
die dicke der mauern

Herausgefordert, knüpften die bringer Beethovens
draht an die mauern und hängten
lautsprecher über die fenster daß
durch die scheiben drang
die sinfonie nr. 5 c-moll opus 67

Der mensch M. aber ging aus dem haus und zeigte an
die bringer Beethovens;
doch jeder fragte ihn, was er habe
gegen Beethoven

Angegriffen, klopften die bringer Beethovens
am tore des menschen M., stellten als er es auftat
hinter die schwelle den fuß; die sauberkeit lobend
traten sie ein
Zufällig kam auch die rede
auf Beethoven
und zur belebung des themas hatten sie
zufällig bei sich
die sinfonie nr. 5 c-moll opus 67

Der mensch M. aber schlug mit der eisernen schöpfkelle
ein auf die bringer Beethovens
Er wurde verhaftet zur zeit

Mörderisch nannten die tat des M.
anwalt und richter der bringer Beethovens
Doch hoffnung sei immer
Er wurde verurteilt
zur sinfonie nr. 5 c-moll opus 67
von Ludwig van Beethoven

Da trommelte M. und schrie
bis stille war

Er war schon zu alt, sagten die bringer Beethovens
Am sarge des M. aber, sagten sie,
stehn seine kinder

Und die kinder verfügten
daß gespielt werde
am sarge des menschen M.
die sinfonie nr. 5 c-moll opus 67

[1962]

Bertolt Brecht *Nicht feststellbare Fehler*
der Kunstkommission

Geladen zu einer Sitzung der Akademie der Künste
Zollten die höchsten Beamten der Kunstkommission
Dem schönen Brauch, sich einiger Fehler zu zeihen
Ihren Tribut und murmelten, auch sie
Zeihten sich einiger Fehler. Befragt
Welcher Fehler, freilich konnten sie sich
An bestimmte Fehler durchaus nicht erinnern. Alles, was
Ihnen das Gremium vorwarf, war
Gerade nicht ein Fehler gewesen, denn unterdrückt
Hatte die Kunstkommission nur Wertloses, eigentlich auch
Dies nicht unterdrückt, sondern nur nicht gefördert.
Trotz eifrigsten Nachdenkens
Konnten sie sich nicht bestimmter Fehler erinnern, jedoch
Bestanden sie heftig darauf
Fehler gemacht zu haben – wie es der Brauch ist.

Kito Lorenc *Die Stimme gibt Empfehlungen*
zum Überleben bei Atomkrieg

Wenn Büchsenmilch abgeworfen wird verglüht sie
unterwegs aber man kann einen Frosch nehmen wenn er schläft
Er schlief
Man zieht ihm die Oberlippe über die Unterlippe
Ich zog
Macht einen queren Schnitt in seinen Hals
Ich schnitt
Steckt einen Schlauch oder Halm hinein, trinkt
und überträgt sich so sein Blut
Ich trank
So ein Frosch gibt pro Stunde vier Liter Blut ab
während man neben ihm liegt so die Stimme
Ich sprudelte:
Wir lassen uns in unserem Engagement
für den Frieden von niemandem
übertreffen

Stephan Hermlin   *Die Vögel und der Test*

Von den Savannen übers Tropenmeer
Trieb sie des Leibes Notdurft mit den Winden,
Wie taub und blind, von weit- und altersher,
Um Nahrung und um ein Geäst zu finden.

Nicht Donner hielt sie auf, Taifun nicht, auch
Kein Netz, wenn sie was rief zu großen Flügen,
Strebend nach gleichem Ziel, ein schreiender Rauch,
Auf gleicher Bahn und stets in gleichen Zügen.

Die nicht vor Wasser zagten noch Gewittern
Sahn eines Tags im hohen Mittagslicht
Ein höheres Licht. Das schreckliche Gesicht

Zwang sie von nun an ihren Flug zu ändern.
Da suchten sie nach neuen sanfteren Ländern.
Laßt diese Änderung euer Herz erschüttern …

[1957]

Richard Pietraß   *Die Schattenalge*

Wo nichts mehr fruchtet, im toten Winkel
auf der Kehrseite der Medaille
hat sie ihr stilles Auskommen.

Unterm Schlußstrich, auf dem Konto
des Bankrotteurs, in der Brüterlagune
unterm Wüstensand: Reflex aller Tiefschläge.

Wachstum wie der Schatten selbst, im Gefolge
des nichtigen Lichts. Ihr Wappen: die Geduld.
Ihr Zepter: der Schlegel einer Trommel.

Mitglied keiner Nahrungskette, unverdaulich
herbizidresistent. Wäre sie verwertbar
die Menschheit wäre abermals gerettet.

So aber faßt sie Fuß, wo selbst die Bakterien
wenig Neigung zeigen, Kolonien zu gründen.
Im tickenden Schatten blattloser Eisenstämme

in Betonsilos, Meilen unter dem Meer.
Unbeirrbar sich vermehrend, wächst sie
vom Ende der Welt auf uns zu

Wolf Biermann   *Warte nicht auf beßre Zeiten*

Manchen hör ich bitter sagen
›Sozialismus – schön und gut
Aber was man uns hier aufsetzt
Das ist der falsche Hut!‹
Manchen seh ich Fäuste ballen
In der tiefen Manteltasche
Kalte Kippen auf den Lippen
Und in den Herzen Asche

    Wartest du auf beßre Zeiten
    Wartest du mit deinem Mut
    Gleich dem Tor, der Tag für Tag
    An des Flusses Ufer wartet
    Bis die Wasser abgeflossen
    Die doch ewig fließen

Manche raufen sich die Haare
Manche seh ich haßerfüllt
Manche seh ich in das Wolltuch
des Schweigens eingehüllt
Manche hör ich abends jammern
›Was bringt uns der nächste Tag
An was solln wir uns noch klammern
An was? An was? An was?‹

    Wartest du auf beßre Zeiten …

Manche hoffen, daß des Flusses
Wasser nicht mehr fließen kann
Doch im Frühjahr, wenn das Eis taut
fängt es erst richtig an
Manche wollen diese Zeiten
wie den Winter überstehn
Doch wir müssen Schwierigkeiten
Bestehn! Bestehn! Bestehn –

    Warte nicht auf beßre Zeiten
    Warte nicht mit deinem Mut …

Viele werden dafür sorgen
daß der Sozialismus siegt
Heute! Heute, nicht erst morgen!
Freiheit kommt nie verfrüht
Und das beste Mittel gegen
Sozialismus (sag ich laut)
ist, daß ihr den Sozialismus
AUFBAUT!!! Aufbaut! (aufbaut)

    Wartet nicht auf beßre Zeiten
    Wartet nicht mit eurem Mut
    Gleich dem Tor, der Tag für Tag
    An des Flusses Ufer wartet
    Bis die Wasser abgeflossen
    Die doch ewig fließen
      die doch ewig fließen

[1963]

Peter Huchel *Die Ordnung der Gewitter*

Die verbissene Ordnung der Gewitter,
eines zieht herauf
von den südlichen Havelseen,
schlagend eine wüste Schneise
durch Dörfer und Wälder,
das andere zögert, am Wind sich stauend,
stürzt jäh mit heftigen Hagelschauern
über die Hügel von Saarmund.
Beide treffen über meinem Dach zusammen.

Die Posaunen verscharrt
in finsteren Wolken,
durch Regenfluten rollt der Donner,
die Ulme,
wassergewaltig,
zittert in schwarzen Lachen des Himmels,
von Blitzen durchquert.

Die verbissene Ordnung des Landes.
Das Aufbegehren und die Macht.
Die Ohnmacht und die Kälte der Blitze.
Nicht reinigt der Regen die Atmosphäre.

Franz Fühmann   *Die Richtung der Märchen*

Die Richtung der Märchen: tiefer, immer
zum Grund zu, irdischer, näher der Wurzel der Dinge,
ins Wesen.

Wenn die Quelle im Brunnen nicht springt
und ratlos die Bürger sich stauen:
Held Hans hebt den Stein, der im Wasser liegt,
da hockt eine Kröte darunter,
die Kröte muß man töten,
dann springt der Quell wieder rein.

Die Spindel fiel in den Brunnen,
das Mädchen sprang in die Tiefe,
unten tat sich ein Pfad auf,
der führte zur weisen Frau,
die lohnte gerecht mit Gold oder Pech
im Lande tief unter dem Brunnen.

Als er gegen den Drachen zog,
mußte der Held den Schacht hinab,
den Drachen in der Höhle zu treffen.

Er sagte: »Laßt mich hinunter, und wenn ich
vor Angst an den Strängen zerre, dann folgt meinem Zerren nicht,
laßt mich noch tiefer hinunter, und je mehr ich zerr, desto
      tiefer laßt mich hinunter.« Und
sie ließen ihn hinunter, und er zerrte, und sie ließen ihn
      tiefer hinab,
und er kam, zerrend, in die Höhle,
und er besiegte den Drachen.

Dem Grund zu, die Richtung der Märchen,
dem Grund zu, wir zerrn an den Strängen,
dem Grund zu, wir zerrn an den Strängen,
dem Grund zu: Wir zerrn an den Strängen …

Sarah Kirsch *Ich wollte meinen König töten*

Ich wollte meinen König töten
Und wieder frei sein. Das Armband
Das er mir gab, den einen schönen Namen
Legte ich ab und warf die Worte
Weg die ich gemacht hatte: Vergleiche
Für seine Augen die Stimme die Zunge
Ich baute leergetrunkene Flaschen auf
Füllte Explosives ein – das sollte ihn
Für immer verjagen. Damit
Die Rebellion vollständig würde
Verschloß ich die Tür, ging
Unter Menschen, verbrüderte mich
In verschiedenen Häusern – doch
Die Freiheit wollte nicht groß werden
Das Ding Seele dies bourgeoise Stück
Verharrte nicht nur, wurde milder
Tanzte wenn ich den Kopf
An gegen Mauern rannte. Ich ging
Den Gerüchten nach im Land die
Gegen ihn sprachen, sammelte
Drei Bände Verfehlungen eine Mappe
Ungerechtigkeiten, selbst Lügen
Führte ich auf. Ganz zuletzt
Wollte ich ihn einfach verraten
Ich suchte ihn, den Plan zu vollenden
Küßte den andern, daß meinem
König nichts widerführe

Reiner Kunze *Der Vogel Schmerz*

Nun bin ich dreißig Jahre alt
und kenne Deutschland nicht:
die grenzaxt fällt in Deutschland wald.
O land, das auseinanderbricht
im menschen …

Und alle brücken treiben pfeilerlos.

Gedicht, steig auf, flieg himmelwärts!
Steig auf, gedicht, und sei
der vogel Schmerz.

Johannes Bobrowski *Sprache*

Der Baum
größer als die Nacht
mit dem Atem der Talseen
mit dem Geflüster über
der Stille

Die Steine
unter dem Fuß
die leuchtenden Adern
lange im Staub
für ewig

Sprache
abgehetzt
mit dem müden Mund
auf dem endlosen Weg
zum Hause des Nachbarn

Georg Maurer *Der Mensch*

Durchlässigste der Kreaturen ist der Mensch,
Wohnung für alle Fragen. Weist er eine ab,
verödet er. Die Lüge tritt
wie Schimmel vor.
Meint einer, ein Geheimnis zu verbergen,
so ist ein Schlüssel da.
So viele Schlüssel sind wie Poren
in seiner Haut. Da ist kein Schutz.
Schutzlosigkeit hat ihn
von Anfang groß gemacht, zum sichern Schützen,
der heut die unsichtbaren Kerne trifft,
daraus die Welt besteht.
Wie wollte er sich selbst verschließen?
Ihm hilft nicht Hornhaut, Panzer nicht und kein Verbrechen,
dies Tuch, das sich mit Blut vollsaugt. Die Kinder sehen's
und wenden es. So wenden wir die Welt um,
und ginge sie in abermillionen Falten.
Die Toga wendeten wir um, die härene Kapuze,
den Mond selbst. Den noch, der sich dreht und wendet.
So viel verschlossen ist, wir öffnen es:
Lachender Mund! da fährt die Wahrheit ein und aus.
Offenes Aug! Platz für die größte Weltversammlung.
Offenes Herz! drin wird der krummste Weg noch grade.
So hat die Menschheit sich erkannt:
Solang sie fragt, ist Menschheit,
so oft sie antwortet, ist Glück.

[1963/64]

Wolf Biermann   *Ballade auf den Dichter François Villon*

1

Mein großer Bruder Franz Villon
Wohnt bei mir mit auf Zimmer
Wenn Leute bei mir schnüffeln gehn
Versteckt Villon sich immer
Dann drückt er sich in' Kleiderschrank
Mit einer Flasche Wein
Und wartet bis die Luft rein ist
Die Luft ist nie ganz rein

Er stinkt, der Dichter, blumensüß
Muß er gerochen haben
Bevor sie ihn vor Jahr und Tag
Wie 'n Hund begraben haben
Wenn mal ein guter Freund da ist
Vielleicht drei schöne Fraun
Dann steigt er aus dem Kleiderschrank
Und trinkt bis morgengraun

Und singt vielleicht auch mal ein Lied
Balladen und Geschichten
Vergißt er seinen Text, soufflier
Ich ihm aus Brechts Gedichten

2

Mein großer Bruder Franz Villon
War oftmals in den Fängen
Der Kirche und der Polizei
Die wollten ihn aufhängen
Und er erzählt, er lacht und weint
Die dicke Margot dann
Bringt jedesmal zum Fluchen
Den alten alten Mann

Ich wüßte gern was die ihm tat
Doch will ich nicht drauf drängen
Ist auch schon lange her
Er hat mit seinen Bittgesängen
Mit seinen Bittgesängen hat
Villon sich oft verdrückt
Aus Schuldturm und aus Kerkerhaft
Das ist ihm gut geglückt

Mit seinen Bittgesängen zog
Er sich oft aus der Schlinge
Er wollt nicht, daß sein Hinterteil
Ihm schwer am Halse hinge

3
Die Eitelkeit der höchsten Herrn
Konnt meilenweit er riechen
Verewigt hat er manchen Arsch
In den er mußte kriechen
Doch scheißfrech war François Villon
Mein großer Zimmergast
Hat er nur freie Luft und roten
Wein geschluckt, gepraßt

Dann sang er unverschämt und schön
Wie Vögel frei im Wald
Beim Lieben und beim Klauengehn
Nun sitzt er da und lallt
Der Wodkaschnaps aus Adlershof
Der drückt ihm aufs Gehirn
Mühselig liest er das ›ND‹
(Das Deutsch tut ihn verwirrn)

Zwar hat man ihn als Kind gelehrt
Das hohe Schul-Latein
Als Mann jedoch ließ er sich mehr
Mit niederm Volke ein

4
Besucht mich abends mal Marie
Dann geht Villon solang
Spazieren auf der Mauer und
Macht dort die Posten bang
Die Kugeln gehen durch ihn durch
Doch aus den Löchern fließt
Bei Franz Villon nicht Blut heraus
Nur Rotwein sich ergießt

Dann spielt er auf dem Stacheldraht
Aus Jux die große Harfe
Die Grenzer schießen Rhythmus zu
Verschieden nach Bedarfe
Erst wenn Marie mich gegen früh
Fast ausgetrunken hat
Und steht Marie ganz leise auf
Zur Arbeit in die Stadt

Dann kommt Villon und hustet wild
Drei Pfund Patronenblei
Und flucht und spuckt und ist doch voll
Verständnis für uns zwei

5
Natürlich kam die Sache raus
Es läßt sich nichts verbergen
In unserm Land ist Ordnung groß
Wie bei den sieben Zwergen
Es schlugen gegen meine Tür
Am Morgen früh um 3
Drei Herren aus dem großen Heer
Der Volkespolizei
»Herr Biermann« – sagten sie zu mir –
»Sie sind uns wohl bekannt
Als treuer Sohn der DDR
Es ruft das Vaterland
Gestehen Sie uns ohne Scheu

Wohnt nicht seit einem Jahr
Bei Ihnen ein gewisser
Franz Fillonk mit rotem Haar?
Ein Hetzer, der uns Nacht für Nacht
In provokanter Weise
Die Grenzsoldaten bange macht«
– ich antwortete leise:

6
»Jawohl, er hat mich fast verhetzt
Mit seinen frechen Liedern
Doch sag ich Ihnen im Vertraun:
Der Schuft tut mich anwidern!
Hätt ich in diesen Tagen nicht
Kurellas Schrift gelesen
Von Kafka und der Fledermaus
Ich wäre verlorn gewesen
Er sitzt im Schrank, der Hund
Ein Glück, daß Sie ihn endlich holn
Ich lief mir seine Frechheit längst
ab von den Kindersohln
Ich bin ein frommer Kirchensohn
Ein Lämmerschwänzchen bin ich
Ein stiller Bürger. Blumen nur
In Liedern sanft besing ich.«

Die Herren von der Polizei
Erbrachen dann den Schrank
Sie fanden nur Erbrochenes
Das mählich niedersank

[1964]

Christa Reinig   *Die Ballade vom blutigen Bomme*

hochverehrtes publikum
werft uns nicht die bude um
wenn wir albernes berichten
denn die albernsten geschichten
macht der liebe gott persönlich
ich verbleibe ganz gewöhnlich
wenn ich auf den tod von Bomme
meinem freund zu sprechen komme

möge Ihnen nie geschehn
was Sie hier in bildern sehn

zur beweisaufnahme hatte
man die blutige krawatte
keine spur mehr von der beute
auf dem flur sogar die leute
horchen was nach außen dringt
denn der angeklagte bringt
das gericht zum männchenmachen
und das publikum zum lachen

seht die herren vom gericht
schätzt man offensichtlich nicht

eisentür und eisenbett
dicht daneben das klosett
und der wärter freut sich sehr
kennt den mann von früher her
Bomme fühlt sich gleich zuhaus
ruht von seiner arbeit aus
auch ein reicher mann hat ruh
hält den sarg von innen zu

jetzt geht Bomme dieser mann
und sein reichtum nichts mehr an

sagt der wärter: grüß dich mann
laß dirs gut gehn – denk daran
wärter sieht auch mal vorbei
mach mir keine schererei
essen kriegst du nicht zu knapp
Bomme denn dein kopf muß ab
Bomme ist schon sehr gespannt
und malt männchen an die wand

nein hier hilft kein daumenfalten
Bomme muß den kopf hinhalten

Bomme ist noch nicht bereit
für abendmahl und ewigkeit
kommt der pastor und erzählt
wie sich ein verdammter quält
wie er große tränen weint
und sich wälzet – Bomme meint:
das ist alles intressant
und mir irgendwie bekannt

denn was weiß ein frommer christ
wie dem mann zumute ist

auf dem hof wird holz gehauen
Bomme hilft das fallbeil bauen
und er läßt sich dabei zeit
schließlich ist es doch soweit
daß es hoch und heilig ragt
Bomme sieht es an und sagt:
das ist schärfer als faschismus
und probiert den mechanismus

wenn die schwere klinge fällt
spürt er daß sie recht behält

aufstehn kurz vor morgengrauen
das schlägt Bomme ins verdauen
und da friert er – reibt die hände
konzentriert sich auf das ende
möchte gar nicht so sehr beten
lieber schnell aufs klo austreten
doch dann denkt er: einerlei
das geht sowieso vorbei

von zwei peinlichen verfahren
kann er eins am andern sparen

wäre mutter noch am leben
würde es auch tränen geben
aber so bleibt alles sachlich
Bomme wird ganz amtlich-fachlich
ausgestrichen aus der liste
und gelegt in eine kiste
nur ein sträfling seufzt dazwischen
denn er muß das blut aufwischen

bitte herrschaften verzeiht
solche unanständigkeit

doch wer meint das stück war gut
legt ein groschen in den hut

[1960]

Günter Kunert *Marx*

Es weht wild
die Fahne dieses bedeutenden Bartes
über den immer wieder aufplatzenden Schalen
der Erde.

Es weht über wandernden Fronten.
Über dem unaufhörlichen Widerspruch und über
dem aufhörlichen.
Über den Kriegen, die von Donnerstagabend bis
Freitagfrüh scheinen:
der ewige Friede zwischen Efeu und Eiche,
zwischen Unternehmern und Unternommenen,
Anordnern und Angeordneten, Machthabern und
Nichtshabern,
Gläubigen und denen, welche daran glauben sollen
müssen.

Zwischen Welle und Ufer
währt Feindschaft: die beste, die möglich ist.

Reiner Kunze   *Das Ende der Kunst*

Du darfst nicht, sagt die eule zum auerhahn,
du darfst nicht die sonne besingen
Die sonne ist nicht wichtig

Der auerhahn nahm
die sonne aus seinem gedicht

Du bist ein künstler,
sagte die eule zum auerhahn

Und es war schön finster

Die Geräusche meines Lands

Thomas Rosenlöcher *Die Verlängerung*

Ich lag in meinem Garten bei Kleinzschachwitz
in einem Grün von niegesehnem Ausmaß
und sah, nachdenkend über die Belange

der unerhörten Rose und des Staats,
hoch über mir den großen Tröster Himmel,
als ich, kam das vom heftigen Nachdenken,
ein sanftes Ziehn in meinen Beinen spürte.
Ich wachse noch, sprach ich und freute mich.
Jedoch die Füße lagen schon am Zaun,
vor dem sie einen Augenblick verharrten,
eh sie losfuhrn. O rasende Zellteilung
an Häusern aufwärts, abwärts, über Dächer.
Wo sie hinkamen, stockte der Verkehr,
die Reichsbahn tobte, Menschen stauten sich,
bestaunten dieses langgestreckte Wunder
und übten sich daran im Balancieren.
Doch längst war es, die Sparte frohe Zukunft
durchfurchend, aus der Stadt hinausgeglitten,
schlief sanft in Wäldern, rauschte durch Kornfelder
ins Läuten stiller Mittagsdörfer ein,
und frohen Mutes fuhr ein Vögelein
auf einer Zehe mit, tandaradei,
doch hinterher, einsam, die Polizei
mit ernstem Blick quer durch den Staub der Äcker
in eines Sees noch unerforschte Tiefen,
wo sie verschwand. Der Staat war in Gefahr.
Denn meines Leibes Doppelröhre nahm,
kaum, daß sie aufgetaucht war aus den Fluten,
Kurs auf die Hauptstadt. Die Regierung tagte,
kein Wort kommt in die Zeitung, Helikopter
erhoben sich, der Lage Herr zu werden,
die Straßen füllten sich mit Dynamit.
Doch eh man meine weitgereisten Füße
absprengte, knapp vorm Brandenburger Tor,

geschahs, daß sie von selber stillestanden,
da ich in meinem Garten bei Kleinzschachwitz,
in jenem Grün von niegesehnem Ausmaß,
wo ich nachdachte über die Belange

der unerhörten Rose und des Staats,
in Anbetracht des großen Trösters Himmel
den Finger an die Nasenspitze legte
und bei mir sprach: Man muß bescheiden sein.

Adolf Endler *Der Laubenpieperfriedhof*

in memoriam Paul Gurk

Wenn wir hier sterben, haben wir es nah,
Noch weniger weit als bis zur S-Bahn-Strecke,
Wir haben es bequem, Sie, wirklich, ja,
Kurz durch den Wald und einmal um die Ecke.

So sauber wie die Laubenkolonie
Die Gräber dort, gepflegt wie hier die Beete –
Ja, unser alter Friedhof! Wissen Sie,
Man zieht ganz einfach um – wie Wallners Grete

Vor einem Monat –, in den Wald hinein
Und aus dem Wald heraus, zweihundert Schritte,
Und hinter Ihnen her blickt winzig klein
Das Fenster Ihrer lieben Laube, bitte.

Heinz Czechowski *Landschaftsschutzgebiet*

Drei Helden der sozialistischen Umgestaltung der Landschaft
    standen am Eingang.
Der eine grinste goldzahnbewehrt:
Hier kommt ihr nicht mehr durch!
Die Bagger und Bulldozer, aufgefahren als gält es das siebentorige
    Theben zu stürmen, verhießen nichts Gutes.
Schlamm bedeckte die aufgerissenen Wege knietief.
Das Storchennest auf dem Giebel des Volksguts: zerfallen.
Wir wateten weiter, dorthin, wo nach unsrem Ermessen die Teiche
    durch Binsen hier und Weiden (Lenau) zu glänzen begannen
Zersplitterte Bäume ragten gespenstisch, wo einst begehbare
Dämme das Wasser zerteilten.
Die Teiche, Augen voll dunkler Melancholie, waren erloschen,
    stille steht, was den Fortschritt behindert: eine stählerne Spundwand
    wehrte dem Wasser den Zutritt ins angestammte Gelände.
Kein Platz mehr für Storch, Frosch, Natter und Otter.
Weil der Mensch die Meere leergefischt, versucht er, das Loch, das
    er schuf, zu verstopfen:
Der Baggerzahn ist der Zahn unserer Zeit, hoch türmt er die
    ach so verletzliche Haut des Planeten.
Ungeduldig trommeln die Planer und Leiter auf ihre
    Schreibtischplatten:
Weg mit der Teichwirtschaft ihrer Väter, her mit der Großteichanlage,
    die Wahrheit der Alten geht nicht einmal mehr in die Binsen.
Und aus den Märchen geflüchtet liegen der Wassermann
    und die Nixen unter den Trümmern der uralten Brücken:
Granitplatten, eingemeißelt die Jahreszahl siebzehnnullfünf,
    wie Papier beiseitegeworfen und ersetzt durch Eisenbeton,
    böse erstarrt.
Der Karpfen, den wir in Malschwitz erwarben, wurde aus
    Niesky herbeigeschafft.
Der hustende Krämer wickelte ihn uns lebend in einen alten
    Zementsack.
»Zwei Männer, und könn' nich mal 'nen Karpfen umbringen«,
    kommentierten die bierflaschenschwenkenden Fahrer unsern Protest.

Ein alter Sorbe, die Pfeife im unrasierten Gesicht, murmelte etwas,
  das wir nicht verstanden.
Die Straße zum Bus war lang, staubig und heiß.
Wir trugen den Fisch, der langsam doch stetig verendete,
  und hatten, ohne zu wissen warum,
  ein schlechtes Gewissen.

Hans-Eckardt Wenzel *Schmuggerower Elegie II*

Der Sommer fällt uns an. Du fürchtest dich. Bleib stehen.
Sieh, wie ein Feind dreht uns der Wald den Rücken zu,
Ich spür den weichen Boden mit den Zehen,
Ein Baum schlägt hinter dir ins Gras, was sagtest du?

Die Erde, überfüllt mit Käfern, Schnecken,
Ein jedes Rascheln schürt die Angst in dir,
Die Rehe, die sich scheu vor uns verstecken,
Die gleichen meinen Freunden, sagst du mir.

Die Vögel stürzen Fliegern gleich, die Kronen
Der Bäume brennen hell, gedämpft schießt Kraut,
Hier, in dem Haus, in dem wir beide wohnen,
Schwitzt eine Spinne Gift auf unsre Haut.

Laß uns verbrüdern wie die Telegraphenstangen!
Von Mund zu Mund, die Zeitungen sind tot.
Der Krieg, der grade irgendwo jetzt angefangen,
Tobt zwischen grünen Fliegen über unserm Brot.

Die Gräser rosten leicht, die Milch macht Klumpen,
Die scharfe Zwiebel treibt dir Wasser ins Gesicht,
In allen Höfen tropft es aus den Pumpen:
Ein fremdes schwarzes Blut: Es stört uns nicht.

Wir sind gekommen, ausgespannt, die Nerven hängen,
Gewaschen, mit den Haaren klamm im Wind.
Die Städte, die uns fern mit ihrem Heimweh drängen,
Die hocken in uns, steinern, blind.

Die Flucht ist uns mißglückt: Wir hasten, schreien,
Wir kratzen, sieh er heilt schon, unsern Grind;
Die Sonne geht so unter hier im Freien,
Daß deine Augen davon blutig sind.

Die hohen Nesseln haben dich verschlungen;
Sie brennen, sagst du, und ich riech es schon;
Du bist, ein Schmetterling, aus meiner Hand gesprungen,
Und fliegst zu einem fernen Stern davon.

Der macht die Nächte hier so schwarz, ein Sterben
Befällt den Wald, er weicht uns Stück um Stück;
All seine Tode bleiben in den tiefen Kerben
Auf unsern Stirnen und in unserm Blick zurück.

Karl Mickel   *Die Elbe*

Schwarz die Elbe, Schwemmholz rammt das Ufer
Regenböen treffen graue Eisschollen
Die Böschung ist befestigt, Stein an Stein
Granit und Porphyr von Dresden bis Hosterwitz
Kein Brocken ohne Inschrift, Initialen
Gesperrte Herzen, Hähne auf der Stange
Kratzen sich ein von Dresden bis Hosterwitz.
Die Rillentiefe mißt des Mädchens Keuschheit
Und Furcht vor der Dauer der Fesselung:
Mit lockern Knien die Frauen zwischen Nummer
Und Nummer zwischen Gras und Heu, die Sieger
Eilen, den Triumph in Stein zu metzen
Die Pause für die Nachwelt nutzend: kenne
Nun den Gleichen wieder! find die Gleiche!
Aus Seufzern Küssen Worten Ein Geflüster
An einem Ufer gleich junge alle Väter
Und Mütter Söhne Töchter von Dresden bis Hosterwitz
Im dürren Weinberg von den schwarzen Ästen
Träuft der Regen wie ein Schwarm von Kirschblüten:

So sah ich das. Jedoch das exponierte
Material reicht weiter. Männer, Frauen
Vernetzt gekoppelt, schlagen Wellen, Fluß
Neben dem Fluß, der Verkehrsstrom
Reißt, der Interruptus auf der Straße
Und die Mnege, wenn zwei Autos sich
Vernichteten, kreist um die Leere
Wie der Strom ums Aug des Strudels wirbelt.
Umgekehrt. Hier eine liegt am Boden
Gespickt rundum, und Reisig kerbt die Hüfte
Dann ziehen ihre Blicke aus der Leiche
Passanten. Glimmend um die Trümmer
Kreist das Volk von Weixdorf bis Pesterwitz
Sanft wie die Berge neben dem Fluß
(Czechowski) kriechen Bestien in die, aus dem

Zoo, bei Kindern, nach dem Angriff
Achselhöhlen. Und Berufsverkehr
Heißt, daß Der mit Jenem, Der mit Dieser
Es (Sein Wesen) treibt, und jedes Menschs
Verrichtung, wenn nur eines, und nicht sofort
Ein anderes die Lücke, wie es, besser
Oder schlechter, ist, füllt, fällt, nicht wäre:
Vgl. auch den Kommentar zu Pindar
Von Hölderlin Belebendes (Kentauren).

Eva Strittmatter *Mein Dorf*

Mein melancholisches Zimmer.
Mein sentimentales Dorf.
Die sandigen Wege. Die Wiesen.
Die Tannen. Die Tümpel. Der Torf.
In grünen Schlünden schläft es.
Unterm Wiesenmulm atmet Morast.
Da findest du nie wieder,
Was du verloren hast…
Hierher bin ich gekommen.
Von hier geh ich hinaus.
Am Wegrand wacht die Distel.
In der Wiese wartet das Haus.

Louis Fürnberg *In diesem Sommergarten*

In diesem Sommergarten,
wo alles heiß von Hitze glimmt
und Müdigkeit kein Ende nimmt
nach unsern schweren Fahrten …
in diesem Sommergarten …

In diesem Sommergarten,
wo jeder Vogel träge fliegt
und Wüstenwind die Äste wiegt,
die trocknen, staubgestarrten …
in diesem Sommergarten …

In diesem Sommergarten,
wo ich so manches Jahr verbracht,
so viel geträumt und ausgedacht
und mich verzehrt vor Warten …
in diesem Sommergarten …

In diesem Sommergarten,
wo weder Baum noch Gras gedeiht,
hißt plötzlich meine Seligkeit
die leuchtendsten Standarten …
in diesem Sommergarten …

Wulf Kirsten   *die erde bei Meißen*

hügelhoch kehrte mich der ruppige himmelsbesen.
auslöffeln will ich
vom herbstherd die dampfenden töpfe.
schreibe der erde beidhändig ins gästebuch
einsilbigen gruß
mit dem griffel graniten,
ungezügelt und linkisch mein krakel,
reichend von dorf zu dorf.

krustige schwarzbrotränfte
die huckel im schwartigen stoppelsturz,
wahllos hingebreitet im relief.
die schäläcker liegen satt im dust,
glasiert von oktobergüssen.
getüpfelt die kleiigen buchten
von kraftworten mistfuderweise kohlrabenschwarz –
ein tiegel verbrannter speckgriefen.

zur Elbe winden sich
grüngeschuppt die fiedrigen täler wie deichselraine.
schrotmühlen, die wäldischen einsiedler, längs den schotterrunsen
im großväterhabitus, spielen in laubigen kuhlen versteck.
um die schieferzwiebeln geduckt die ortschaften des sprengels.
abseits am schlehenhack aufgedunsen die stänker: rübensilos.
hinter feldscheunen strohschütten gefeimt.
mit zottelmähnen holpern die feldwege hinaus in die runkelschläge.

über die katzenbuckel keckert der liedrian blasebalg.
im rücken der himmel gezahnt vom nahen gebirge.
drüben, überelbisch, der diesige tag, gelehnt
an die welligen hänge, mäandrische borte flußhin,

weinberge, von terrassen gegürtelt.
herb und oktobern verströmt der winzerfleiß.
die Lößnitz ist ein schwappender mostbottich.
vierschrötig, aus quadern gewalmt.

über die lehmhügel klabastern ungeschlachte blechvögel,
breitschnäblig schnattern sie im lettigen acker,
schnurgerade die zeilen hinter den treckern. –
voreinst den säern schmeckte die fronde
gallebitter wie rainfarn an wegrändern;
auf lehden, in mergelsenken geschuftet wie die schiebbockhunde,
die ochsentreiber heiser vom fluchen
hinter lendenlahmen gespannen.

an der wetterscheide, wo im juli die gewitterbäume sömmern,
steh ich breitspurig auf der landschaft widerrist.
die flußorgeln durchbrummen das bauerngebreit.
eine schwadron schwedenreiter späht auf zugiger kuppe.
stoppelfrösche springen täppisch über den woilach des herbstes.
die grasigen senken von rindern gefleckt.
am hellichten tag zur saatzeit im hügelland
ich – auf der erde bei Meißen.

Elke Erb *Das Flachland vor Leipzig*

Das Flachland vor Leipzig ist kahl,
als läge der Mittag streng auf ihm auf.
Hecken, die Gräben, Buschgekräusel und Baum
Wegweiser, gelb wie Briefkästen, staubig,
oder wie Tabak daher, der fällt
einem Alten krümelnd aufs Knie …
Ich war mal in Tüschen, dort sah
mich still eine Gans an, die in Reihe ging, weiß
an einer feuchten Scheune vorbei.
Links, sah mich an, links, und ihr wißt, das Auge
ist starr, grün beringt.
Aber was wollte sie melden, aus ihren fernen
Steinzeiten kommend, die Gattung, aufgezogen immer, Uhr,
immer die gleiche, sich gleiche, die Uhr
an vergänglichen Wänden, aber was dann,
wenn keine Wände mehr stehn, keine gebaut werden, wenn
der riesige Erdwind allein
in den Staub stürzt und heult?
Uhren, ihr Uhren, wer sorgt,
daß ihr euch nicht totschlagt am Ende, wer sorgt?
Ich war mal in Tüschen, dort sah
mich still eine Gans an, die in Reihe ging, weiß.

Annerose Kirchner *Brandleite-Tunnel*

Neben gemauerten Steilwänden
mürber Porphyr,
den das Wetter spaltet und ausbricht.
Die Fugen ungesagte Worte.
Nimmst du sie noch wahr,
wenn dein Auge nur sich selbst schaut?

Über steinerne Stufen
stößt das Wasser der Brandleite.
Stolz widersetzt sich's im Fall,
sammelt seinen Schaum im Gestein.

Auf meinen Schultern
trag ich die Dunkelheit.
Unter mir im Gleisbett
das Geheimnis der Forellen.
Die verschütteten Felsläufe
spülen sie durch das Bergmassiv.

Von einer Welt stoße ich
in die andre.
Minuten dehnen sich
oder verlieren ihre Sekunden.

Der Stein nimmt meine Rede auf.
Im Licht verharrt der Wald,
dreht sich die Welt mit mir
um die eigne Achse.

Hanns Cibulka *Geodäsie*

Zwischen Meßlatte,
Winkelspiegel und Prisma,
das uralte Bild:
eine Brücke über den Fluß.

Die Geraden werden abgesteckt,
Felder
durch unsichtbare Linien
in Dreiecke zerlegt.

Schloß Tenneberg,
eingewogen in die Landschaft,
nivelliert.

Nicht meßbar
der Schatten der Bäume,
die Spiele der Kinder,
unauffindbar bleibt in der Landschaft
die Erinnerung stehen.

Thomas Rosenlöcher *Der Garten*

Im Garten sitze ich, am runden Tisch,
und hab den Ellenbogen aufgestützt,
daß er, wie eines Zirkels Spitze,
den Mittelpunkt der Welt markiert.
Ein Baum umgibt mich mit vielfachem Grün,
und langsam steigt das blütenreiche Meer
des frühen Jahrs. Die Vögel brülln wie irr.
Über mich hin spazieren schöne Schatten,
und Blütenblätter fallen auf den Tisch
und schmelzen, Schnee! Die Äste triefen schwarz,
und von der Straße her kommt ein Geräusch,
das war mein Leben. Plötzlich bin ich Luft
und sitz noch hier und rede zu dem Baum,
ob er nicht doch die Länder wechseln könne,
sein unerhörtes Blühen aufzuführen,
wo einer noch mit seinem Ellenbogen
den Mittelpunkt der Welt markiert.

Heinz Czechowski   *Erfahrungen mit Karpfen*

I
Muschelragout, Fischsuppe, Karpfen, gebraten, gekocht
Von Oktober bis März. Die Mutter
Verschluckte sich stets an einer Gräte. Vater
Schlug ihr besänftigend mit flacher Hand auf den Rücken.

2
Eingehegt von moosbewachsenen Trockenmauern
Lagen die Teiche: Augen voll dunkler
Melancholie: Schloßteich, Augustusteich, Frauenteich,
Angelegt von August, dem Starken.

Durchs Schilf im Dezember
Gingen wir trockenen Fußes auf knackendem Eis
Über Morast ins abgefischte Gelände.
In offenen Tümpeln überwinterten träge die Karpfen.

Schuppenkarpfen, Lederkarpfen, Spiegelkarpfen –
Fleisch, das auf der Zunge zergeht.
Nicht zu vergessen die Schleie, die Barbe, der Döbel,
Geschuppte Genossen, Großfamilie
Mit der vergessenen Pfrille, der Schmerle, dem Bitterling.

3
In seltenen Träumen stakt' ich mit Fischern
Im Kahn über seichte Gewässer. Mit böhmischen Mönchen.
rumänischen Bauern,
Fischteichbesitzern der Lausitz
War ich vertieft ins Gespräch über verfallende Schützen,
Verschwundene Mauern, verlandende Teiche.

4
Den Vierpfünder trag ich im Netz in die Küche, bereit
zum uralten Ritus, der Mordtat.
Pfannen und Töpfe stehn auf dem Tisch. Ich prüfe
Noch einmal die Vollständigkeit der Gewürze:

Ruhmsüchtige Lorbeerblätter, Rosinen, Korinthen,
Mandeln, süße und bittre, Gewürzkörner, Knoblauch,
Paprika, Suppengrün, Salz und Zitrone.

5
Dann kommt der Fisch, der noch zuckende, ich
Spreche, das Messer hebend, die Formel:
Der Fisch, der Fisch / Springt in der Kanne,
Springt auf dem Tisch / Springt in der Pfanne.

Eingenäht in den Bauch wird das Beste:
Leber und Milz, Milch oder Rogen, die Därme.
Langsam im siedenden Wasser bei sehr kleiner Flamme
Hüllt sich der Karpfen in Blau und zieht gar.

6
Es dampfen die weißen Kartoffeln.
Angewärmt sind die Teller, bekränzt schon
Mit Sellerielaub, Petersilie, Zitrone
Zeigt sich der Fisch. Bereit ist die polnische Soße.

Im silbernen Leuchter brennen die Kerzen.
Gut temperiert ist der Rotwein.
Butter und Meerrettich, Sahne, geriebener Apfel
Runden den Bissen. Die Zunge feiert ein Fest.

7
Gekocht, gebraten, Karpfen, Fischsuppe, Muschelragout
Von Oktober bis März. Die Mutter
Verschluckte sich stets an einer Gräte. Vater
Schlug ihr besänftigend mit flacher Hand auf den Rücken.

Der Odendichter H. Czechowski, welcher
Die Welt sehr liebt, und darum melancholisch
Auf sie blickt, seit er denkt, hat vor 5 Jahren
(Er wohnte da in Trotha, das ist weit
Von hier, dem Zentrum, wo er jetzt wohnt, gleich beim
Stadtgottesacker, wo der Stadtgott sitzt
Von Halle, und, geurteilt nach den Blättern
Im Frühjahr, die sind fett und werden
Jedes Jahr weniger, langsam eingeht)
Der Dichter H. Czechowski also hat
Vor gut 5 Jahren, als wir Rotwein tranken
In Trotha, neugrauer Vorstadt, die aus stillen
Straßen mit Häuschen, Gras und Gartenweiden
Ausläuft in viergeecktes Neubauland
Die Häuser hoch, darinnen Puppenstuben
An Fäden, oder drin, Kokon Kokon
Die Puppe in der Puppe ist der Mensch –
Czechowski, sag ich, hat vor 5/6 Jahren
Als wir beim Wein, und friedlich, sprachen über
Genüsse unterschiedlicher Erzeugungsart
Von seiner Kunst gesprochen, einen Karpfen
So zu bereiten, wie es keiner kann
Außer ihm selbst; und schon die Ingredienzien
Genannt nur, nicht gezeigt, bewirkten uns
Den Speichelfluß im Mund wie Pawlows Hunden:
Der Mensch ein Reflexwesen. C., tief zufrieden
Lud uns zum Karpfenessen für die Zeit
(Das sind, man weiß, die Monate mit R)
Wo Karpfen wären, die so fest wie gut sind.
Seitdem, wenn wir uns trafen – Theater, Umzug
Besuch, ein krankes Kind, Parteiverfahren –
Ging anfangs noch die Rede von Verschieben
Und wenn ich Czecho sah, und das war öfter
Dachte ich an Karpfen. Jahrelang. Jeder Reiz
Flacht ab durch Wiederholung oder Ausbleiben

Dessen, was man erwartet. So könnte ich ruhig sein:
Sechs Jahre sind sechs Jahre und bald sieben.
Tatsächlich bin ich ruhig, man kennt mich ja.
Nur manchmal, wenn ich Karpfen sehe, denk ich
Jenes Abends in Trotha, und der ungeheuern
Ahnung im Mund (seitdem hat Czecho
2 Bände mit Gedichten, 1 Essayband
Nachdichtungen, Interviews, Theaterstücke
Sowie ein längeres Werk vom Karpfenessen
Achtstrophig und in Vierzeilern, doch reimlos
Veröffentlicht) und dann, erinnernd, möchte ich
Stehend auf Festem wie auf Mickels Tisch
Ausrufen, laut, zumindestens vernehmlich:
CZECHOWSKI, STATT DER ODEN AUF DEN KARPFEN
GIB UNS DEN KARPFEN, GLEICH! Die Stimme bricht mir.

Uwe Greßmann   *Einladung*

Da gehen Einladungen hinaus;
In ansprechender Weise
Öffnen sie den Mund
Und sagen,
Auf der Tagesordnung steht das

Thema:
Luft, Licht, Erde, Himmel, Sonne…
Ihr Wandel in den Räumen des Kosmos,
Dem unendlichen Haus, wie man meint.
Und: wer da sonst noch tagt,
Lasse seine Birne über dem Tisch leuchten;
Und: höre.

Es spricht:
Im hymnischen Ton nämlich
Und feiert die Natur,
Die dort Geist und Welt und Wille ist
Und doch den Sinn verlöre,
Sähe man das bloß so an,
Ohne sich dabei etwas zu denken,
Daß das ein Baum, ein Pferd,
Und: das ein Grashalm sein soll;
Ja, daß es so was überhaupt noch gibt
Trotz der Schlote,
Die man in der Stadt qualmt.

Und das geht mit den Einladungen hinaus,
Einen daraufhin anzusprechen
Und zu fragen: Kennst du die Natur,
Die eine Fremde unter vielen ist?

Johannes Bobrowski *Dorfmusik*

Letztes Boot darin ich fahr
keinen Hut mehr auf dem Haar
in vier Eichenbrettern weiß
mit der Handvoll Rautenreis
meine Freunde gehen umher
 einer bläst auf der Trompete
 einer bläst auf der Posaune
Boot werd mir nicht überschwer
hör die andern reden laut:
dieser hat auf Sand gebaut.

Ruft vom Brunnenbaum die Krähe
von dem ästelosen: wehe
von dem kahlen ohne Rinde:
nehmt ihm ab das Angebinde
nehmt ihm fort den Rautenast
 doch es schallet die Trompete
 doch es schallet die Posaune
keiner hat mich angefaßt
alle sagen: aus der Zeit
fährt er und er hats nicht weit

Also weiß ichs und ich fahr
keinen Hut mehr auf dem Haar
Mondenlicht um Brau und Bart
abgelegt zuendgenarrt
lausch auch einmal in die Höhe
 denn es tönet die Trompete
 denn es tönet die Posaune
und von weitem ruft die Krähe
ich bin wo ich bin: im Sand
mit der Raute in der Hand

[1960]

Christa Reinig   *Die gerechten*

Als schuster Baruch schon im sterben lag
stach er die letzten nähte an den schäften
beschloß noch hier und da mit zwirn zu heften
sein atem stand – und weiter ging der tag

hätt er gelesen daß die schöpfung ruht
auf acht erwählten die gerecht und wahr sind
die niemand kennt und niemals offenbar sind
vielleicht hätt er uns sorgloser beschuht

jedoch die sage war ihm nicht bekannt
nicht auf erwählte warf er seine plagen
und was er trug hat er allein getragen
jetzt rollte ihn ein fuhrwerk über sand

und nur der fuhrknecht bog den nacken tief
er hörte plötzlich auf den gaul zu prügeln
stieg ab und hielt die hand leicht in den zügeln
und fortan sah man wie er bergwärts lief

Peter Huchel *Unter der Wurzel der Distel*

Unter der Wurzel der Distel
Wohnt nun die Sprache,
Nicht abgewandt,
Im steinigen Grund.
Ein Riegel fürs Feuer
War sie immer.

Leg deine Hand
Auf diesen Felsen.
Es zittert das starre
Geäst der Metalle.
Ausgeräumt ist aber
Der Sommer,
Verstrichen die Frist.

Es stellen
Die Schatten im Unterholz
Ihr Fangnetz auf.

Volker Braun *Die Geräusche meines Lands*

Hinter geschlossenen Türen sitzend
Höre ich Geräusche, das Knirschen
Der Industrien und der Leiber
Unter dem Plan. Der Redner redet:
Was immer das Leben kürzte, der Hunger
Liegt an der Kette der Maßnahmen
Tragik geregelt zwischen den Eckdaten.
Sprich lauter, Genosse, sind wir Illegale.
Kopf und Bauch gefüllt mit Notwendigkeit
Daß mir die Ohren klingen. Der Lärm
Stört mich nicht, er hält mich in der Welt.
Andernorts die, Bombenbastler, sitzen
Ein in schalldichten, zur Strafverschärfung
Gelassen: und kein Mucks der Gegend
Bis sie überschnappen und hängen
Wie Ulrike am Nagel. Schrei, Genosse
Gegen die Stille plötzlich in mir

Karl Mickel *Schlittschuhlaufen*

Jetzt wird es kalt und bald fällt Schnee
Die Luft ist ehrlich auf der Haut
Es fallen von den Bäumen jäh
Die Blätter, und der See ergraut

Auf schwarzen Wellen grauer Schaum
Der graue Schaum wird weißer Tisch
Auf weißem Tische der weiße Flaum
Und auf dem weißen Tischtuch: ich

Das Tischtuch schneide ich entzwei
Ich schneide, bis es ganz zerfällt
Bis sich das Eis zerreibt zu Brei
Der keinen Schlittschuhläufer hält

Mir prallt der Eiswind auf die Brust
Wenn ich die sanften Kurven dreh
Ich dreh sie, ganz im Spaß bewußt
Und Reiter auf dem Bodensee …

Jetzt wird es kalt und bald fällt Schnee

Adolf Endler   *Der älteste Mensch der Welt*

1

Das alles verdank ich der Presse

2

Nachkommen zählt das Geburtstagskind zweihundertneun
Doch am Mittwoch am kommenden Mittwoch
Zählt er sein einhundertsechsundsechzigstes Jahr
Schir Ali Mislimow der Alte
Er zählt sich lieb nickend zu uns

3

Täglich arbeitet er noch ein wenig im Garten
Lange Spaziergänge führen den Zeitgenossen Napoleons
Oder Goethes bald nach hier bald nach dort hin
Am kommenden Mittwoch bleibt er zu Haus

4

Ich verdanke mein hohes Alter der Sowjetmacht
  Allah
    Der Sowjetmacht
    Der Arbeit
  Allah
    Meinem guten Charakter
Ich habe ein Herz wie ein junger Dshigit

5

Das alles verdank ich der Presse

6

Einhundertsechsundsechzig wird Schir Ali am Mittwoch
Und freut sich ah auf das Jahr zweitausend schon heut
Älteren Zeitungen entnimmt der Leser voll Neid
Als er einhundertfünfundsechzig wurde hat sich Schir Ali
Hat er sich ah auf den Hundertsten Lenins gefreut

7
Das alles verdank ich der Presse

8
Zweiundachtzig Pulsschläge zählt er in jeder Minute
Sein Blutdruck hundertfünfunddreißigStrichfünfundachtzig

9
Das alles verdank ich der Presse

10
Aber das größte Glück dieses ältesten Menschen der Welt
Seine Erfahrungen weiterzugeben am kommenden Mittwoch
In Barsawu im Talischgebirge in Aserbaidshan
Seine jahrhundertealten Erfahrungen weiterzugeben
Im Zubereiten von Schaschlyk

[1971]

Brigitte Struzyk *Die Dirnen in der Kirche*

Ecce Homo!
Dabei sind wir die letzten,
die über ihn lachen.
Ist doch jedermanns Sache,
welche Lust er empfindet.
Hölzern ist nur der Gaffkopf.
Da die Orgel hell aufschreit,
die Register gezogen,
daß der Gnadenstuhl wackelt,
wollen Lust wir nicht beten.
Augenschließen im Dämmer:
Bilder innen versenken
von den bitteren Vätern an der kupfernen Fünte.
Kenotaphe ringsum für begrabene Liebe.
Von der Pflaumen Süße bleibt als Rest der Geschmack
der zerbissenen Kerne.
Lösen wir die Zungen,
wetzen Steife zu Stärke
für die Menschenkinder,
die im Schoß uns gelegen.
Nun es ruhiger wird und die Augen sich öffnen
für die flimmernden Farben,
die vom Chorfenster fallen,
weben Töne und Purpur
wir zu Blumenmustern.

Bernd Jentzsch *In stärkerem Maße*

Zapfentrommler Wald grüner Landsknecht
Mehrfach getarnt: dich erkenn ich am Tritt
Deiner Bäume. Ruhelos stampfen sie auf
Auf mich zu, in stärkerem Maße, verdoppeln
Das ist mir bekannt, ihre Besuche, nachts
Oder dienstags, zu Ostern, zu jeglicher Stunde
Erscheinen, wer weiß das nicht, die kürzlich
Im Waldgrab verblichen: Erschlagne, Gehenkte.
Die Drossel sahs, bot Widerstand, sang ein Lied
Sang keins, erdrosselt, wer da in die Grube fiel
So ging er hin, blieb hier in den Bäumen
Kommt, in stärkerem Maße, auf mich zu, warnend
Vor dem, was in mir ist, beharrlich, und sagt:
Wald grünes Blasrohr Geräusche.

Johannes Bobrowski *Nachtfischer*

Im schönen Laub
die Stille
unverschmerzt.
Licht
mit den Händen
über eine Mauer.
Der Sand tritt aus den Wurzeln.
Sand, geh rot
im Wasser fort,
geh auf der Spur der Stimmen,
im Finstern geh,
leg aus den Fang am Morgen.
Die Stimmen singen silberblaß,
bring fort,
in Sicherheit,
ins schöne Laub die Ohren,
die Stimmen singen:
tot ist tot

Sarah Kirsch   *Die Nacht streckt ihre Finger aus*

Die Nacht streckt ihre Finger aus
Sie findet mich in meinem Haus
Sie setzt sich unter meinen Tisch
Sie kriecht wird groß sie windet sich

Und der Rauch schwimmt durch den Raum
Wächst zu einem schönen Baum
Den ich leicht zerstören kann –
Ich rauche einen neuen, dann

Zähl ich alle meine lieben
Freunde an den Fingern ab
Es sind zu viele Finger, die ich hab
Zu wenig Freunde sind geblieben

Streckt die Nacht die Finger aus
Findet sie mich in meinem Haus
Rauch schwimmt durch den leeren Raum
Wächst zu einem Baum

Der war vollbelaubt mit Worten
Worten, die alsbald verdorrten
Schiffchen schwimmen durch die Zweige
Die ich heut nicht mehr besteige

Helga M. Novak   *Brief an Medea*

Medea du Schöne dreh dich nicht um
vierzig Talente hat er dafür erhalten
von der Stadt Korinth
der Lohnschreiber der
daß er dir den Kindermord unterjubelt
ich rede von Euripides verstehst du
seitdem jagen sie dich durch unsere Literaturen
als Mörderin Furie Ungeheuer
dabei hätte ich dich gut verstanden
wer nichts am Bein hat
kann besser laufen
aber ich sehe einfach nicht ein
daß eine schuldbeladene Gemeinde
ihre blutigen Hände an deinen Röcken abwischt
keine Angst wir machen
das noch publik
daß die Korinther selber deine zehn Gören gesteinigt haben
(wie sie schon immer mit Zahlen umgegangen sind)
und das mitten in Heras Tempel
Gewalt von oben hat keine Scham
na ja die Männer die Stadträte
machen hier so lustig weiter
wie früher und zu hellenischen Zeiten
(Sklaven haben wir übrigens auch)
bloß die Frauen kriegen neuerdings
Kinder auf Teufel komm raus
anstatt bei Verstand zu bleiben
(darin sind sie dir ähnlich)
andererseits haben wir
uns schon einigermaßen aufgerappelt
was ich dir noch erzählen wollte: die Callas ist tot

Jurek Becker   *Der tägliche Ärger*

Sie liebte ihn. Das steht ganz außer Frage.
Deswegen ging es ihr besonders nah,
Als sie an einem lauen Wintertage
Ihn Arm in Arm mit einer andern sah.

Die beiden lachten, und man konnte meinen –
So und nicht anders sieht die Liebe aus.
Sie nahm sich vor, zu Hause erst zu weinen.
Sie hielt ein Taxi an und fuhr nach Haus.

Dort heulte sie die halbe Nacht ins Kissen,
Denn er war immerhin ihr erster Mann.
Sie fragte sich, ob sie bei Hindernissen
Von solcher Größe weiterleben kann.

Nach ein paar Stunden klopfte jemand sachte.
Sie wußte – dreimal kurz – so klopft nur er.
Er klopfte mehrmals, bis er ging. Sie dachte:
Er klopft, als ob gar nichts geschehen wär.

Sie fand im Nachttisch fünfzehn Schlaftabletten.
Beim ersten Schluck bekam sie einen Schreck.
Wenn alle das nun so gehandhabt hätten?
Sie ging zum Klo und goß das Mistzeug weg.

Dann nahm sie seine Bilder von den Wänden.
Sie schrie dabei und riß sie kurz und klein.
Die Schnipsel brannten unter ihren Händen.
Sie warf sie in den Müll. Das muß so sein.

Karl Mickel   *Ballett*

Donna Anna läuft Don Giovanni nach
Der Vater läuft seiner Tochter nach und findet Duell und Tod
Der Diener läuft seinem Herrn nach
Der Bräutigam steht da

Zerlina bietet sich Don Giovanni an
Der Ehemann hält seine Frau fest
Donna Elvira läuft Don Giovanni schon seit Jahren hinterher
Der Diener klärt Donna Elvira auf
Wer alles Don Giovanni hinterherläuft

Donna Anna gesteht dem Bräutigam
Daß sie Don Giovanni verfolgt oder nachläuft
Aber der Bräutigam läuft ihr nicht weg
Don Giovanni stellt zehn Weibern in einer Nacht nach
Die ihm nachlaufen werden
Sobald er ihnen weggelaufen sein wird

Die Ehefrau läuft dem Ehemann nach
Der stellt sie Don Giovanni zur Verfügung
So daß Don Giovanni Zerlina trifft
Und davonläuft vor ihr und Donna Elvira
Und Donna Anna und allen den anderen
Die ihm nachstellen mit Ehemännern und Bräutigamen

Don Giovanni stellt Donna Elviras Zofe nach
Donna Elvira läuft mit dem Diener mit
Don Giovanni treibt die Meute auseinander
Die der Ehemann gegen den Herrn auf die Beine gebracht hat

Der Diener entwischt den Männern und Weibern
Die allesamt ihm versehentlich nachstellen
Und Don Giovanni trifft die Ehefrau des Dieners
Der ihm anklebt wie eine Ehefrau

Und Don Giovanni fordert den Toten auf
Den steinernen: er soll ihm nachlaufen wie Alle
Der Bräutigam läuft Donna Anna hinterher
Die läßt ihn stehen und fliegt in die Lüfte weg
Der blickt ihr nach und bringt Polizei auf die Beine
Niemand läuft Donna Elvira nach

Der steinerne Vater trifft Don Giovanni an
Der ihm nicht wegläuft sondern entgegentritt
So daß Don Giovanni davonkommt
Unterwärts unter die Erde

Die nachgelassenen Witwen und Waisen
Singen das fröhliche Lied auf die Ordnung

Thomas Rosenlöcher *Der Wald*

Ich saß auf einem Stumpf in der Natur.
Engelsgras klirrte hin und her im Schauern
von irgendwelchen Flügeln, die mich wohl
ein wenig streiften, daß ich sprach: Ach Wald.
Denn rechts vom Kahlschlag standen ein paar Fichten,
bis auf die Knochen dürr, doch an den Spitzen
lebendig grün. Und unterhalb die Schwestern,
hockende Häuflein, betupften den Hang
und füllten bald das Tal und drängelten
einander schubsend aufwärts bis zum Fuß
des Stamm bei Stamm, im letzten, schrägen Licht
mit Ästen, dichtbepelzt und abwärtskurvend,
inwendig golden aufgerührten Walds.
Darüber andrer Wald stand, reglos nickend,
den Wald- um Waldwand wortlos überragte.
Und dies so fort. Doch das war erst der Anfang.
Denn hinter Nebeln wie von Anbeginn
kopfüber zwischen all den Zapfenschüttlern,
zog eine ferne Wipfelkette
über die Tiefen abgelegner Täler
mühelos hin. Die zartfiedrigen Spitzen
teils ganz gerade dicht an dicht gereiht,
teils sich ein wenig zueinanderneigend
oder gebeutelt, der kreuz und der quer,
als allgemeines Wipfeldurcheinander.
So schon verschmelzend mit der Dämmerung,
doch weitersteigend, da ich ging, zu kurz
schien mir mein Leben, rasch vorüber
an einer Quelle, die ein Rohr bald schluckte,
und mit dem Zug fuhr, mitten durch die Nacht,
durch Städte fauchend unterm Abgeblasen,
verstreute Lichter, tausendfachen Schlaf.

Doch als ich morgens ankam zwischen Häusern,
war hinterrücks der Wald, im Schneckengang die Frühe
rändernd, emporgelangt und stand
donnernd im Licht als riesenhafter Berg.
So blieb sein Bild mir noch für ein paar Jahre.
Daß alles Schaun nur Abschied war.
Ich saß in der Natur auf einem Stumpf.

Kathrin Schmidt *Tapetenfabrik*

ein engel fliegt durch die tapetenfabrik.
ein baumwollner krieg ist sein hemd
gegen glasfaser, cola und kitsch.
freundlich wird er gegrüßt, wenn er sie überschwebt,
die arbeiter, auf seiner göttlichen posaune reitet
und täglich die fenster putzt,
was keiner sonst tut.
er sieht aus wie engelbrechts längst verstorbene frau,
die ihn noch täglich zur arbeit schickt.
in der pause ißt man aspik, aus dem fisch glotzt.
den ersten haps bekommt der fabrikengel,
der inzwischen ganz sicher seine posaune geputzt hat
und musiziert, zur verschönerung der geräusche.
so bläst er zum kampf um lustgewinn
bei der herstellung von billigtapeten.
so bleiben die leute fröhlich,
als er die nachrichten der bbc verkündet
und die entsprechende offerte von tass.
die tassen scheppern, wenn er am mittag
eine himmlische brühe austeilt und an die toten schweine
erinnert, falls es eisbein gibt.
der fabrikengel ist eine laus
im pelz der planung, die unbekannte variable.
tapetenmeter ergeben weltumspannende rollen.
das weiß der fabrikengel, wenn er zum schichtschluß
einnickt und runterfällt.

Katja Lange-Müller *Broiler-Requiem*

Die Luft, geschwängert vom Duft entwichener Broilerseelen –
hilf Hühnergott, daß sie dich nicht verfehlen.
Armes, entbeintes KIM-Getier –
runtergegurgelt, ersoffen im Bier.
Ans Ohr schlagen Dochtflammen tausender Kerzen
Legionen gesottener Hühnerherzen.
Entsetzlich entsetzt sehn meine Pupillen
den Grillschrank mit rosigen Klümpchen sich füllen.
Solch nackt-zartes Totsein tut mir so weh,
ich löffel bekümmert am bittren Kaffee.
Vis-à-vis halten klodeckelriesige Pfoten
einen halben der knusprigen Toten.
Ironie ist selbst für den Eingang das Wort
es flattert die Flügeltür immerfort.
Da kommen sie rein, Huhngier im Blick –
da gehen sie raus, Knochen (nicht ihre)
      bleiben zurück.

Richard Leising   *Homo sapiens*

Der Mensch lebt nicht vom Brot allein
Er will auch sein Rettich und Eisbein.

Unsertäglichbrot genügt ihm nich
Er schreit nach seinem Brotaufstrich.

Von der Wiege bis zum Sarg
Einmal in der Woche Quark.

Mein Herr, wie wollen Sie Ihr Ei?
Mein Herr, ich will zwei.

Der Mensch braucht seine Freunde schier
Da schuf der Mensch Bier.

Käse muß auch sein
Der Mensch lebt nicht vom Brot allein.

Er braucht zum Leben Ideale.
Aale.

Zu einem richtigen Arbeiterstaat
Gehört ein richtiger Kartoffelsalat.

Der Mensch lebt nicht vom Brot allein
Es müßte ganz schnell Kommunismus sein.

[1. Fassung, etwa 1974]

Kurt Bartsch   *Sozialistischer Biedermeier*

Zwischen Wand- und Widersprüchen
Machen sie es sich bequem.
Links ein Sofa, rechts ein Sofa
In der Mitte ein Emblem.

Auf der Lippe ein paar Thesen
Teppiche auch auf dem Klo.
Früher häufig Marx gelesen.
Aber jetzt auch so schon froh.

Denn das ›Kapital‹ trägt Zinsen:
Eignes Auto. Außen rot.
Einmal in der Woche Linsen.
Dafür Sekt zum Abendbrot.

Und sich noch betroffen fühlen
Von Kritik und Ironie.
Immer eine Schippe ziehen
Doch zur Schippe greifen nie.

Immer glauben, nur nicht denken
Und das Mäntelchen im Wind.
Wozu noch den Kopf verrenken
Wenn wir für den Frieden sind?

Brüder, seht die rote Fahne
Hängt bei uns zur Küche raus.
Außen Sonne, innen Sahne.
Nun sieht Marx wie Moritz aus.

[1968]

Proben des Grenzfalls

Heinz Czechowski   *Unsere Kinder werden die Berge sehn*

1

Lange stehn die Berge mit ihren
unerreichbar hohen und schneeigen Gipfeln.
Wir haben sie niemals gesehn.
Wir hatten ihre Namen gelernt
und Bilder von ihnen gesehn: wie sie da standen,
mit ihrem ewig blauen Himmel.

Wir hatten auch einen Himmel, darin
war unsere Sehnsucht zu Ende.
Manchmal, wenn er sehr blau war unser Himmel,
träumten wir.

Aber es standen die Berge. Wir hatten
ihre Namen gelernt, sonst aber
wußten wir wenig von ihnen.
Nur, daß es sehr schön dort sei, hörten wir:
Der Himmel blauer,
der Himmel weiter,
die Bäume in den Tälern grüner und die Straßen
im Tal nicht so grau wie bei uns.

2

Unsere Kinder werden die Berge sehn,
so sagen wir:
Den Himmel blauer,
den Himmel weiter,
die grünen Bäume und die freundlichen Straßen.
Unsere Kinder.

[1962]

Wolfgang Hilbig *episode*

im düstern kesselhaus im licht
rußiger lampen plötzlich auf dem brikettberg
saß ein grüner fasan
                  ein prächtiger clown
silbern und grün den leuchtend roten reif am hals mit
unverwandtem aug mit dem großen gelben schnabel
        aufmerksam
zielte er auf mich
                so war er herrlicher und schöner
als ein surrealistischer regenschirm auf einer nähmaschine
wie er dort saß genau und furchtlos verirrt
auf seinem schwarzen gipfel

konversation fand nicht statt
ich bewegte mich und er flog davon durch die offene tür
doch von weit her den geruch der sonne den duft
seines farbigen gelächters ließ er hier in der nacht
und ich verwarf alle mühe das leben mythisch zu sehen

und als das kausale grinsen meines kopfes
von energie und frost gefressen in die nacht verschwand
glaubte ich nicht mehr an den untergang
der wahrnehmungen in der finsternis.

Kathrin Schmidt *grenzblick, wie zur probe*

liefen wir mit den augen die ins bild gerutschte
hügelkette entlang, eine bunte zuckerstangengesellschaft
mit auslösereiz, die finger im objektiv
gespaltenen blick. glücksfinder, kinderpuppen.
fünfjahresmanie in den knochen, die knie
aufgeschlagen wie eier: vor uns im dreck,
standen wir auf nach den stürzen, stets
etwas innerer gallert. tränensalz. kummeraspik.
schiefes lachen, die regenrinne herunter …

es war sommer, wir zunderten wie immer
den krauthang hinauf und liefen später mit den augen
die ins bild gerutschte hügelkette entlang, eine bunte
pimpfkinderhorde auf ausflug, nirgends
beruhigungslehrer im anschlag. nirgends
ein schild mit festgelegter bedeutung: ende, ende,
sie verlassen den realistischen sektor, hier hört alles auf,
hört es niemals auf uns. mein kleines
kommando nannte ich pimperle

und probte den grenzfall, wenn wieder der blick
auf die andere seite rutschte. die hügelkette unserer
augenpaare spiegelte zunderland, drüben war hüben
geworden, in wäßriger lösung schwammen
die bilder durchs auge in den apparat, wo sie

Bert Papenfuß-Gorek *die entstehung des prenzlauer bergs aus feuchtem kehricht*

unterirdisch hingebreitet
vom steinfeld am rande der schorfheide mich erstreckend
bis hinab zu den blocksbergen der beeskower platte
   markausfüllend
      von storkow bis storkow
         von urstromtal zu urstromtal
boreale & arktische arten umwucherten mein haupt
& obwohl die ozeanischen influenzen der prignitz
abgeklungen waren, oder gerade deswegen, im begriffe
den fernsehturm mit walter ulbricht an der spitze
zu ficken, ich bin nicht frei davon, unnötig zu sagen
im gegenteil; ich rutschte raus, ich war total von ab
      lädierte die zionskirche leicht
      bärbel bohley blies & blies
      polizisten buhten johlend
ornament & verbrechen waren voller übler vorahnung
vorsichtshalber zu haus geblieben & hexten was zusammen
der bass war die devise, die melodieführung in der irre
die entgrenzung sämtlicher sinne bekam neuen aufschwung
so manch persönliche verpflichtung bekam einen neuen sinn
unzuverlässig grassierten die elfen, ogis raguhn heulte auf
meine erektion beulte die erdkruste mit vollem bewußtsein
wo die ryke auf die belforter abzielt, unglücklich formuliert
lyrik schleppte sich hin, zu alledem stockte die ausarbeitung
& es war geschehen noch eh' es recht vollbracht
      so sehr sie sich auch mühten
      die beule zu bleuen
      es blieb dabei
von kirche von unten war damals noch nicht die rede, später ja

Jürgen Rennert   *Mein Land ist mir zerfallen*

Mein Land ist mir zerfallen.
Sein' Macht ist abgetan.
Ich hebe, gegen allen
Verstand, zu klagen an.

Mein Land ist mir gewesen,
Was ich trotz seiner bin:
Ein welterfahrnes Wesen,
Mit einem Spalt darin.

Mein Land hat mich verzogen,
Und gehe doch nicht krumm.
Und hat mich was belogen,
Und bin doch gar nicht dumm.

Mein Land hat mich mit Wider-
Willn an die Brust gepreßt.
Und kam am Ende nieder
Mit mir, der es nicht läßt.

Mein Land trägt meine Züge,
Die Züge tragen mich.
Ich bin die große Lüge
Des Landes. (Wir meint: ich.)

14. Januar 1990

Uwe Kolbe   *Wir leben mit Rissen*

Wir leben mit Rissen in den Wänden,
ist es dir aufgefallen?
Wir leben auf sich entfärbenden Dielen,
unter beweglicher Decke.
Das Fensterkreuz ist längst
von Fäulnis durchgefressen, es zieht
im Sommer schon die kalte Nachtluft
hindrungslos herein.

Wir wohnen illegal, mach das
dir täglich neu bewußt, daß sonst
wir beide auf der Straße säßen.

Wir hausen im Prenzlauer Berg,
vier Treppen hoch unter dem Dach.
Tauben gehn fast aus und ein.
Die Asseln töt ich unbemerkt von dir
ganz schnell unterm Fensterbrett,
die schwarze Spinne unterm Becken,
fünfzig Jahr alt, in der Küche
erschlag ich trotz großen Ekels,
obwohl der Anblick sehr ästhetisch,
und Schauer mir den Rücken kämmen.

Ich strich die Türe schwarz,
wodurch Besucher, viel zu seltne,
hergelangen, unter Frageblicken:
ein Sarg? auf diese Art betont
die Unerträglichkeit? neinnein, laut
schlage ich ein Zupfinstrument,
bewirte euch mit heißem Tee, euch
freundliche Erschöpfte,
hier oben wirklich Angelangte

und lache noch im Hagelrauschen,
wenn der Himmel finstrer wird,
lache noch im Tränenfluß
und in der Kälte zwischen uns.
Im Staub der Körperdünstung lach ich,
genießend unter Kraftaufwand
die uns gebotne Sicherheit.

Thomas Brasch   *Kassandra 3*

An die Stelle von Lenins Bild hängte er
1930 Stalins Bild: Stalins Bild
legte er 1933 in den Koffer und hängte es
über sein Bett in der Pariser Jugendherberge.
Als er aus der Emigration zurückkkam,
hängte er neben Stalins Bild
das Bild Wilhelm Piecks.
1956 nahm er Stalins Bild von der Wand und
stellte es in den Keller hinter die Einweckgläser.
1960 wechselte er das Bild Wilhelm Piecks
mit dem Bild Walter Ulbrichts aus.
1971 nahm er das Bild Walter Ulbrichts von der Wand
und hängte das Bild seiner Frau an den Nagel.
1973 ging er in Rente. An die Stelle
des Bildes seiner Frau hängt er einen Spiegel
und sah hinein.
»Wer ist das«, schrie er,
»kann man denn nie allein sein.«

Barbara Köhler *Rondeau Allemagne*

Ich harre aus im Land und geh, ihm fremd,
Mit einer Liebe, die mich über Grenzen treibt,
Zwischen den Himmeln. Sehe jeder, wo er bleibt;
Ich harre aus im Land und geh ihm fremd.

Mit einer Liebe, die mich über Grenzen treibt,
Will ich die Übereinkünfte verletzen
Und lachen, reiß ich mir das Herz in Fetzen
Mit jener Liebe, die mich über Grenzen treibt.

Zwischen den Himmeln sehe jeder, wo er bleibt:
Ein blutig Lappen wird gehißt, das Luftschiff fällt.
Kein Land in Sicht; vielleicht ein Seil, das hält
Zwischen den Himmeln. Sehe jeder, wo er bleibt.

Heinz Kahlau   *Wieviel Erschütterungen trägt ein Mensch?*

Als ich elf Jahre alt und Hitlerjunge war,
fielen die Bomben auch auf meine Stadt.
Ich war erschüttert, auch mir wurde klar,
daß dieser Krieg nur Tod zu bringen hat.

Als ich verführt zum Heldentum und vierzehn war,
ging mein Verführer drauf, der Krieg hielt an.
Ich war erschüttert, weil ich nicht verstand,
wie man so lange siegen und so schnell verlieren kann.

Als ich dann eines Tags nach Sachsenhausen kam,
erfuhr ich alles über die SS, und ich erschrak,
zu viele sagten, keiner hätt's gewußt –
und es war nicht nur Dunkel hier, es war auch Tag.

Mit fünfundzwanzig war ich Kommunist,
als man dem toten Stalin ein Gericht gemacht.
Ich war erschüttert, denn zum zweitenmal
erfuhr ich von dem Mißbrauch großer Macht.

Fünf Jahr danach, am dreizehnten August,
zog man die Grenze quer durch meine Stadt.
Ich war erschüttert, weil ich plötzlich sah,
daß man sie auch nach innen nötig hat.

Noch bin ich jung und möchte meine Zeit
am Leben bleiben, wie wohl jedermann.
Ich bin erschüttert, denn ich frage mich,
wieviel Erschütterung ein Mensch ertragen kann.

[1980]

Wolfgang Hilbig *gleichnis*

während wir erneut durch mürbe wüsten wanken
auf wegen die zu keinem ende reichen
zu keinem ziel zu keinem hoffnungsvollen zeichen
da ins salz der sonne unsrer götter särge sanken
während wasser fort in fahlen dämpfen modern
und wo wir gehn die gifte trockner sümpfe lodern
und wo wir stehn die greisenalten lüfte flammen

schlägt über unsren jägern
das rote meer zusammen –

[1970]

Durs Grünbein   *An diesem Morgen*

An diesem Morgen gingen die 80er Jahre
   zuende mit diesen Resten der
         70er, die wie die
         60er schienen: nüchtern und wild.

»3 Jahrzehnte mit einer Hoffnung im Off...«

Nimm dir ein Negativ (und vergiß): diese
   Warteschlangen sich kreuzend an
                  Haltestellen, die Staus im
                     Berufsverkehr, total

eingefrorene Gesten am Zeitungskiosk, die
         Mißverständnisse (»Sind Sie
                        verletzt?«) –
   (»Kennen Sie DANTE?«). Du sahst wie sie

warteten, manche vom Glanz ihrer Exile
   vereinsamt. Die Luft (sonst
                  unverwundbar)
            war voller Szenen aus
                  Chaplinfilmen, ein
Wirbel grauer Pigmente davor, Tag und
   Nacht grauer Regen vom
                  Kohlekraftwerk über der

toten Ähnlichkeit aller toten arm- und
   beinlosen Engel auf den
               Ruinen ringsum. Also schön,
               dachtest du: dieser Ort
               so gut wie ein anderer
               hier in Mitteleuropa
               nach Sonnenaufgang mit

galoppierenden Wolkenherden und frühem
    Stimmengewirr wie vom Sog
                eines Hafens

erfaßt... Ist es das? während du weiter-
            machst, dich erwärmst, ein paar
            Fremde grüßt gähnend
                (»Ein Gähnender!«) über-
drüssig der Tautologien, des Hungers, der

    langsamen Einführung in diesen Tag.

Kurt Drawert   *Wieder ein Abend von denen*

: So ein Schwebezustand zwischen
Verletztsein und Verzeihen.
Zärtlich schwelende Wut.

Aber das war schon immer so.
Mit der Zeit türmte sich Eis
vom Herzen zur Kehle zum Mund.

Aber wir hatten es doch richtig gemacht
mit dem Verzicht auf ätzende Ehrlichkeiten
und keine spreizenden Klingen ins Brustfleisch

geredet. (Man weiß doch was würde
wollte jeder jedem
nur Wahrheiten sagen.)

Aber wir hatten es falsch gemacht.
Brutalität vermeiden hieß sie umkehren
und wurde Brutalität: Schwebezustand.

Und wir fanden die Sprache nicht
für die wortlosen Dinge
für die seltsam grausame Lust zu lieben.

: Also wieder so ein Abend
mit seinem tödlichen Dazwischen
mit seiner Umrißlosigkeit.

: Nichts denken nichts fühlen nichts glauben
udn eigentlich ohne Gegenwart sein
wenn wir uns ungewollt begegnen

wenn sich die Blicke versehentlich treffen
und wir uns mit Höflichkeit strafen
und einer schweigend zur Seite tritt.

Kerstin Hensel   *Sonett*

Du sagst nicht viel: es werden andre sagen.
Das Meer ist rund denn immer sieht man Land.
Von Frohsinn abgehetzt nach lauten Tagen,
wir fallen müde auf den flachen Strand.

Wozu, mein Freund, soll ich mich leichter machen.
Das Meer ist alt, wir müssen leise sein.
Wir träumen immer noch die unverbotnen Sachen
und decken uns mit den erloschnen Aschen ein.

Die Sehnsucht ist. Es wächst uns eine neue.
In keiner Zeit wird man zu spät geboren.
Ich bin bei dir und kenne keine Reue

und habe doch von meiner Liebe schon verloren.
Es ist nicht Angst, was mich zu andrem treibt –
es ist das andre, was zu fürchten bleibt.

Wolfgang Hilbig   *die ruhe auf der flucht*

warten –
  oh noch einmal einen abend ausruhn
vor der unendlichkeit der nacht
die uns mit allem vieh zu paaren treibt
und sich shcon sammelt vor den abgestreiften schuhn…

reglos
  im angesicht der flut die bald erwacht
noch eine stunde sitzen auf dem mauerrand
stille im schädel und den fuß im sand
dem atem nachsehn der uns aus den lungen schwindet
dem zorn
   dem gold das in den augen sichtbar bleibt
wenn die erschöpfung uns in dem entschluß verbindet
noch eine stunde vor dem dunklen ufer auszuruhn –

und dieses tags zu denken der zuletzt uns wärmte
des großen abends der uns unerschrocken sonnte
indes fernher ein kupferrotes lodern lärmte
und schon erlosch im riesengong der horizonte.

         [1985]

Elke Erb *Schuld sind die*

Wenn ich öffentlich auf der Straße sage: »Hühnerei!«
Und infolgedessen folgerichtig geschnappt werde,
Schuld sind die,

Daß sie kein selbständiges Ei,
Kein ständiges Ei,
Kein Ei,

Selbst kein Ei mehr dulden können,
Es ist eine Katastrophe!
Schuld sind die!

[1981]

Volker Braun *Das Lehen*

Ich bleib im Lande und nähre mich im Osten.
Mit meinen Sprüchen, die mich den Kragen kosten
In anderer Zeit: noch bin ich auf dem Posten.
In Wohnungen, geliehn vom Magistrat
Und eß mich satt, wie ihr, an der Silage.
Und werde nicht froh in meiner Chefetage
Die Bleibe, die ich suche, ist kein Staat.
Mit zehn Geboten und mit Eisendraht:
Sähe ich Brüder und keine Lemuren.
Wie komm ich durch den Winter der Strukturen.
Partei mein Fürst: *sie hat uns alles gegeben*
Und alles ist noch nicht das Leben.
Das Lehen, das ich brauch, wird nicht vergeben.

Gabriele Eckart   *Adieu Land*

Ihr Spitzel und ragenden Mauern
Ihr Losungen: WIR SIEGER DER GESCHICHTE
Und meine falschen Wohltäter
Die mir Nadel und Faden reichten um mir die Lippen
                                  zusammenzunähen
Adieu Land
Das langsam erstickt an den unausgesprochenen Dingen
Ich lernte das Fürchten hier
In den Alpträumen rannte ich
Bis jemand wie ein Gott mir eine Strickleiter zuwarf
Doch man hielt mich wenn ich klettern wollte an den Beinen
Ich ziehe meinen Weg
Adieu ihr Freunde
Die ich unterscheiden lernte in der Not
Ihr Wenigen
Ohne die alles vergebens gewesen wäre
Meine Seele mein Leib mein Schrei

Rainer Kirsch 2005

Unsre Enkel werden uns dann fragen:
Habt ihr damals gut genug gehaßt?
Habt ihr eure Schlachten selbst geschlagen
Oder euch den Zeiten angepaßt?

Mit den Versen, die wir heute schrieben,
Werden wir dann kahl vor ihnen stehn
Hatten wir den Mut, genau zu lieben
Und den Spiegeln ins Gesicht zu sehn?

Und sie werden jede Zeile lesen
Ob in vielen Worten eines ist
Das noch gilt, und das sich nicht vergißt.

Und sie werden sich die Zeile zeigen
Freundlich sagen: ›Es ist so gewesen.‹
Oder sanft und unnachsichtig schweigen.

[1962]

Epilog

Reiner Kunze *Die Mauer*

Zum 3. Oktober 1990

Als wir sie schleiften, ahnten wir nicht,
wie hoch sie ist
in uns

Wir hatten uns gewöhnt
an ihren horizont

Und an die windstille

In ihrem schatten warfen
alle keinen schatten

Nun stehen wir entblößt
jeder entschuldigung

Peter Hacks *1990*

Nun erleb ich schon die dritte Woche
Die finale Niedergangsepoche.

Pfarrer reden in den Parlamenten.
Leipzig glaubt an einen Dirigenten.

Die Fabriken alle sind zuschanden.
Das Proletariat ist einverstanden.

Rings nur westkaschubische Gesichter.
Botho Strauß passiert für einen Dichter.

Auch die Freundin zeigt sich beinah prüde.
Von Erwerbs- und Nahrungssorgen müde,

Kann sie sich nur eingeschränkt entschließen,
Mit dem Freund den Abend zu genießen.

Freilich ich, von Schwachheit keine Rede,
Bin nicht jeder, und sie ist nicht jede,

Und so folgen dem, was ich ihr tue,
Höhepunkte, und in großer Ruhe

Sehn wir nachher beim Glenfiddichtrinken
Hinterm Dachfirst die Epoche sinken.

Volker Braun *Das Verschwinden des Volkseigentums*

Achtlos saßen wir darauf
In Häusern, arglos verstreut
Auf dem billigen Boden. Vorgärten
Die eine Landschaft faßten! Ungeliebt
Aber vorhanden waren die Klitschen;
Und die geräumigen Ämter
Durchstreiften wir mit unbeteiligten Mienen
Eine vornehme Klasse
Die nichts von sich hermachte.

Ahnungslos
Hielten wir es in den Händen
Eine Gegebenheit, über die man nicht spricht
Beinah zur Natur geworden.
Wir machten uns nichts daraus.

Jetzt ist das alles auf eine dunkle Weise verschwunden.
Die festen Gebäude zuerst, dann die leeren Flächen
Schließlich die Ackerkrume bis hinab
In die undeutlichen Bodenschätze. Eine Hand
Heißt es, reißt das an sich und läßt nichts zurück
Das zu verwerten wäre, das Grund-
Und das Regenwasser, buchstäblich nichts
Bleibt uns von unserem Eigentum.

Sondern wir müssen dasselbe
Teuer bezahlen, Wasser und Mehl
Das unermeßliche von großen Feldern
Und den Platz, es zu verzehren
Und jeden Meter Lebensraum
Müssen wir abstottern an grimmige Besitzer
Und die Arbeit, die es macht, das Unsere noch zu erhaschen
Müssen wir uns erkämpfen wie eine Beute
Und da ist einer, der kann
Nicht das Scherflein hinterlegen
Für einen Schlafplatz.

Wer erklärt uns das? Was ist hier eingerissen?
Wer gibt uns Nachricht
Von dem Unseren? Die Zeitungen
Die wir aufschlagen, sind stumm vor Schreck
Denn sie haben auch den Besitzer gewechselt
Und die abgesägten Sender
Verhalten sich ganz stille. Es ist, als wäre ein Mantel
Des Schweigens darüber gebreitet
Und es ist unser Schweigen: heißt es höhnisch
Das wir bewahren.

Wo ist alles hingekommen? Es hat sich verflüchtigt.
Hier und da wurde eine Mark gezahlt, aber auch größre Beträge
Verdampften auf unseren Konten
Und wer da meint, Rechte zu haben
Am Ertrag seines Lebens, findet ihn plattgemacht
Von einem Bulldozer. Wo aber die stabilen
Reste stehn, ging die Belegschaft
In all der Aufregung
Verloren.

Hatten wir denn gar nichts damit zu tun?
Daß man uns aus den Hallen fegen kann wie Gesindel
Das irgendwem auf der Tasche liegt.
Ist denn das Unannehmbare
Am Eigentum das Volk
Von dem es befreit werden muß wie von einem Aussatz
Der sich festfrißt. Man muß uns herausstochern
Aus unserem Unterschlupf. Und auch die Gedanken daran
Die in den Instituten nisten, müssen vernichtet werden
Wie die abgewickelte Wissenschaft
Und die Köpfe, in denen sie haften
Müssen aussortiert und bearbeitet werden
Und noch die Erinnerung muß eingeschwärzt werden mit Druckerschwärze
Und die etwaigen Fragen
Der Jungen, die einfach zu jung sind
Um das ganze Elend zu empfinden, das sie überstanden haben
Gehören mit dem Holzhammer beantwortet
Den sie gewohnt sind.

Es war da nichts! muß man ihnen sagen
Alles versunken und zerstoben.
Wir hatten nichts in der Hand als, was wir sofort fallenließen
Eine Last ist uns von den Schultern genommen
Es gibt keinen Grund zur Traurigkeit, als den wir längst
Unter den Füßen verloren haben.

So muß man jetzt reden hundert Jahre lang
Wie gehetzt, um bei den Tatsachen zu bleiben
Die sich überstürzen, und keiner weiß wohin wir über kurz oder lang geraten
Gehetzt von den allbekannten
Furien des Verschwindens.

Aber an der leeren Stelle
Dort wo nichts bleibt
Nagt eine Ahnung, die nur blaß zu nennen ist
Von etwas Einfachem, Zugänglichem
Nur nicht Begangenem
Das man nicht achtete, das man nicht nutzte
Und wegwarf wie eine abgetragene Hoffnung
Etwas Unwiederbringlichem und darum Unvergeßlichem
Dem unauffälligen
Eigentum des Volkes.

31.12.1991

Nachwort

Wir Erben

Die Pflege des »kulturellen Erbes« stand in der DDR hoch in Ehren. Aber wehe denen, die in Luther *auch* den Mann des Glaubens, in Schiller *auch* den Verteidiger der Gedankenfreiheit und in Goethe nicht *nur* den Advokaten der Aufklärung sahen. Die offiziellen Erbe-Bewahrer in Staat, Partei und Kulturorganisationen achteten stets darauf, dass das Erbe nicht jenseits der »Richtlinien des letzten ZK-Plenums der SED« zur »schöpferischen Anwendung« gebracht wurde.

Die Lyrik der DDR gehört nun zu unserem Erbe, ob wir wollen oder nicht. Wie damit umgehen als deutsch-deutsche Erbengemeinschaft? Sollen wir auch zensieren? Da wird es still im Saal, nicht nur auf der Richtlinienkonferenz »Deutsch für die Oberstufe«, auf der sich die Erben in den Haaren liegen darüber, ob die Nationalhymne der DDR allenfalls im Geschichtsunterricht zu behandeln sei und Bertolt Brecht nur im Leistungskurs. Wie unterschiedlich lesen ost- und westdeutsche Leser?

Mit dieser Auswahl wollen die Herausgeber zwanzig Jahre nach dem Fall der Mauer die Neubesichtigung eines ererbten Geländes versuchen. Vierzig Jahre Poesie in deutscher Sprache, aber unter und mit anderen Parametern geschrieben. Wie befangen ist unser Blick noch, wie unbefangen schon?

Der Zukunft zugewandt

Am Beginn der beiden deutschen Staaten, 1949, standen zwei Nationalhymnen. Die eine, westliche, griff auf die Tradition zurück, unter Amputation der ersten beiden berüchtigten Strophen, aber doch im restlichen Text und in der Melodie die alte Hymne übernehmend. Das war durchaus Absicht. Adenauer wusste, mit welchem Volk er es zu tun hatte (und hat es ja auch sehr deutlich gesagt: »Wenn Sie keine saubere Suppe haben, müssen Sie eben eine schmutzige Suppe essen«).

Das wusste die Nomenklatur der DDR wohl auch, aber sie betrachtete ihren Staat nicht nur als grundlegend antifaschistisch, sondern auch die in ihm lebende Bevölkerung als »Sieger der Geschichte« und also, wie es in Bechers Hymne heißt, »der Zukunft zugewandt«. Der Reim darauf lautete freilich »Deutschland, einig Vaterland«, was später nicht mehr opportun war und weggelassen wurde.

Das Künftige, Neue, Utopische, das die DDR versprach, war damals für viele Schriftsteller außerordentlich attraktiv, das zeigen nicht nur die Zeugnisse der Remigranten, sondern auch die Zuwanderungen von West *nach* Ost – Hermlin, Biermann, Hacks, Endler und andere. Sie galten einem Staat, in dem (beispielsweise) Theater auch in kleinen Städten gegründet wurden (von Kulturhäusern und -klubs ganz zu schweigen), in dem jeder größere Betrieb, jede Kaserne über eine Bibliothek verfügte und in dem es eine Einrichtung gab wie das »Poesiealbum«, ein monatliches Lyrikheft, das man zum Preis von 90 Pfennigen an jedem Kiosk erhielt. Schließlich: Das schon früh eingerichtete und von Georg Maurer geleitete Leipziger Literaturinstitut (später nach Johannes R. Becher benannt), das – die Biographien am Ende dieses Buchs belegen es – viele bedeutende DDR-Lyriker besuchten. Und es gab Schriftsteller – das große Beispiel ist Wolfgang Hilbig –, die ohne die DDR wahrscheinlich niemals Schriftsteller geworden wären. An die Kehrseite dieser Kulturförderung erinnert freilich Reiner Kunzes »Bringer Beethovens« (Seite 50) ...

Bis zum Bau der Berliner Mauer 1961 gab es sozusagen eine freie Konkurrenz zwischen den Schriftstellern in Ost und West: Uwe Johnson bestand damals sehr entschieden darauf, dass er von Ost- nach Westberlin »umgezogen« und nicht geflohen sei. Bis weit in die sechziger Jahre blieb bei vielen noch ein Rest an Sympathie für das »Unfertige« gegenüber manch westlicher Fertigware, der Traum vom »Leseland« war nicht so leicht abzuschütteln, auch wenn Volker Braun erkannte, dass es »einigen Büchern bald gelang, nichts als richtig zu sein«, die »richtigen Bücher aber für den falschen Leser geschrieben« seien.

Viele DDR-Autoren hatten denn auch bei ihrer (zögernden) Zustimmung zur Berliner Mauer durchaus oft mehr Gründe als die der Parteiräson: die Hoffnung auf eine innere Liberalisierung, und die war nicht ganz unberechtigt. Stephan Hermlin beispielsweise, damals Sekretär der Akademie der Künste, hatte in einer Anzeige im »Neuen Deutschland« junge Lyriker gebeten, ihm Gedichte einzusenden, die er öffentlich vorlesen wolle. Es wurde, am 11. Dezember 1962, eine denkwürdige Veranstaltung – viele der Autoren, die Hermlin vorstellte, prägten später die Literatur der DDR: Rainer und Sarah Kirsch, Volker Braun, Wolf Biermann (dessen Lieder auf Tonband bis in die Gänge übertragen wurden), Bernd Jentzsch, Uwe Gressmann und viele andere. Im begeisterten Publikum saß unter anderen auch Johannes Bobrowski.

Die Reaktion der SED war eindeutig: Hermlin wurde als Sekretär entlassen (und seine Antwort wurde zum geflügelten Wort: »Genossen, ihr habt vollkommen recht, denn ich würde es wieder tun«) und den jungen Lyrikern wurde die FDJ-Singebewegung als Plattform angeboten. Eine Art Burgfrieden, der aber schon im Dezember 1965 endete, als Walter Ulbricht auf der 11. Tagung des ZK der SED die DDR zum »sauberen Staat« erklärte, der »anarchistisches Verhalten« nicht dulden könne. Dabei blieb es, auch wenn Erich Honecker 1971 noch einmal einen Rettungsversuch unternahm: »Wenn man von der festen Position des Sozialismus ausgeht, kann es meines Erachtens auf dem Gebiet der Kunst und Literatur keine Tabus geben.«

Diese seltsame Formulierung wurde überschätzt, erleichterte den Lyrikern aber die Wahl: Gedichte sind zwar zuständig für anarchistisches Verhalten, aber unzuständig für feste Positionen des Sozialismus. So arrangierte man sich seit der Mitte der siebziger Jahre: Der Staat warf die Lyriker entweder aus dem Land oder die Lyriker entließen den Staat aus ihren Gedichten.

DDR-Lyrik

Bei der Besichtigung des lyrischen Erbes der DDR mussten die Herausgeber also versuchen, Schönheit und Eigenart, das DDR-Typische, das Streitbare und die Verweigerung miteinander zu verbinden. Das ist uns sicher nicht immer gelungen, aber ein Gelände besteht eben nicht nur aus Solitären (die uns natürlich im Blick und am Herzen lagen). Umgekehrt haben wir die umfangreiche Parteilyrik auf wenige Beispiele beschränkt – sie mag eines Tages wieder auftauchen als Material einer Magisterarbeit mit dem Titel »Sozialistisches Biedermeier oder Die Fortsetzung der Erbauungslyrik«. Dieser Genreunterschied wurde schon in der DDR von vielen Lyrikern gesehen, nachzulesen im äußerst informativen Band »Wortlaut Wortbruch Wortlust« (Leipzig 1988) von Gerhard Wolf, jahrelang Lektor und Mentor namhafter Autoren.

Günter Kunert, nicht gerade ein Liebling der SED, antwortete 1973 amerikanischen Studenten in Austin/Texas auf die Frage, was denn nun der Leser der DDR von einem Gedicht erwarte, listig wie folgt:

Er erwartet so etwas wie den ›Sinn des Lebens‹ zu erfahren. Er lebt in einem historisch-geographischen Raum, in welchem man spätestens seit Friedrich II. ›nach seiner Fasson selig werden‹ konnte, vorausgesetzt, man zweifelte nicht gleichzeitig am Absolutismus. In Brandenburg-Preußen, auch in Sachsen, hat der Protestantismus, obwohl recht früh eingeführt, nie so recht reüssieren können, im Gegensatz zur Schweiz oder etwa zu den Niederlanden.

Bei uns war er eher Herrschaftsformel. Man war nicht sehr glaubensstark. Und nach den Erschütterungen zweier Weltkriege, von denen letzterer der Gläubigkeit den Rest gegeben hat, und in einer nachfolgenden hundertprozentigen Säkularisierung der Gesellschaft in der einen Hälfte Deutschlands fand sich der Leser zwar von vielem ideologisch-religiösen Ballast befreit wieder, gleichzeitig aber fand er nichts mehr vor, woran er seine metaphysischen Bedürfnisse, die ihm verblieben waren, hätte heften können. Nach den schweren Jahren des Aufbaus, in der Zeit gesellschaftlicher Dynamik und Ruhelosigkeit, also in den Tagen unseres extrovertierten Daseins, machte sich diese Leerstelle nicht oder doch kaum bemerkbar. Erst mit der wachsenden wirtschaftlichen und gesellschaftlichen Konsolidierung wurde jener Ruhepunkt erreicht, auf dem man einem atemlosen Läufer glich, der angelangt ist, zu sich kommt, Zeit erhält für sich selber, Zeit für einen Blick in den Spiegel. Der Leser fragt sich, ob denn das eben der Sinn des Lebens sei oder ob das ausreichend wäre oder nicht ein bisschen zu wenig. Gott, Ewigkeit, Unsterblichkeit, alles nur Überbauprodukte, die nach historischen Erdbeben wie Putz von der Fassade gefallen sind? Sollte nicht ein höherer, tieferer Sinn hinter allem stecken? Ist die historische Wahrheit die einzige? ... Es vollzieht sich die Vereinigung des Lesers nicht mit einem höheren Wesen, sondern mit sich selber; der Mensch – eine ungenaue, doch notwendige Bezeichnung –, der Mensch entdeckt sich wieder einmal als ein und alles: als ein Absolutes. Das Gedichte lesen bewirkt etwas wie ein Zusichselberkommen zu den Ursprüngen des eigenen Wesens. Im Gedicht erscheint – und darum zur Befreiung berufen – ein Windhauch aus Utopia ... ein faktisches wie phantastisches Ziel, eines wenigstens, das die Lyrik dem zielbewussten Leser zeigen und mit dem er sich identifizieren kann. Dafür fordert Lyrik von ihm auch Mitarbeit: er möge sich bis zu einem gewissen Grade das Gedicht selber erschließen.

Die Lyrik der DDR war, selbst wenn wir von den lyrischen Parteisoldaten absehen, grosso modo deutlich politischer als die in der Bundesrepublik; die großen Dichter wie Johannes Bobrowski, Peter Huchel, Erich Arendt oder später Volker Braun, Sarah und Rainer Kirsch, Karl Mickel, Elke Erb oder Wolfgang Hilbig schrieben und dachten vielfach politisch, aber sie waren, um nochmals Kunerts doppelbödige Formulierung aufzugreifen, gottseidank »nicht sehr glaubensstark«. Das vorliegende Buch zeigt dies in allen Schattierungen und Nuancen.

Was war in der Lyrik der DDR, abgesehen von ihrer politischen Aufladung, die vielfach zwischen den Zeilen und hinter den Wörtern sichtbar, hörbar und fühlbar wurde, anders?

Wer diese 100 Gedichte aus der DDR aufmerksam liest, wird in den Gedichten zahllose Echos hören: von Brecht, Mandelstam, Hölderlin, Klopstock, Goethe, Brockes und vielen anderen. Die Lyriker der DDR kannten ihr Erbe, waren belesen in der deutschsprachigen Dichtung und hatten die wichtigen poetologischen Aufsätze (unter anderem von dem im Westen fast vollkommen unbekannten Georg Maurer) genau gelesen. Vor allem für die nach der Gründung der DDR in der Bundesrepublik geborenen Lyriker lässt sich das verallgemeinern – und die entsprechenden »Jahrbücher der Lyrik « vor 1989 belegen es auffallend –: Die Ost-Dichter gingen mit ihrem Handwerk sorgfältiger um, arbeiteten aus der Kenntnis der Lyrik-Tradition heraus sehr bewusst mit Anspielung, Verweis, Paraphrase, Klangecho und Zitat. Auch die traditionellen Formen waren ihnen geläufig, vom Sonett, der Terzine und der Ode bis zum Doppeldistichon oder dem (protestantischen) Kirchenlied.

Sie konnten freilich auch mit sorgfältigeren Lesern rechnen, die gewohnt waren, bei der Lektüre des »Neuen Deutschland« auf das entscheidende Komma zu achten. Die Leser nahmen sie ernst, der Staat nahm sie ernst, sie nahmen sich selber ernst (was gelegentlich auch zum hohen Ton unter der Glasglocke, zur kunstvollen Verrätselung oder zum Lebensentwurf als einsam leidendes Genie verführte). Und alle, alle hatten Zeit, selbst für lange Gedichte.

Der im Umgang mit dem Erbe überaus kenntnisreiche Dresdner Dichter Thomas Rosenlöcher verzweifelte als Mitherausgeber des »Jahrbuchs der Lyrik« 1992 denn auch vor allem über die Einsendungen aus den alten Bundesländern, die »mich vollkommen ratlos zurücklassen. Weniger wegen ihrer Hermetik, sondern einfach, weil dieses Nicht-mehr-sagen-können-wollen mich weder anzieht noch abstößt und, schlimmer noch, vollkommen urteilslos lässt, so dass ich dauernd nicht weiß, ob meine Schwierigkeiten an mir oder am jeweiligen Text liegen.«

Handreichung
Bei dem Versuch, die Lyrik der DDR mit ihren wichtigsten Beispielen vorzustellen, verbot sich eine strikt chronologische Anordnung, denn sie hätte das einzelne Gedicht zum bloßen historischen Beleg herabgewürdigt. Zudem kann das Gedicht als abstraktestes literarisches Medium seinen Reichtum ganz ohne Gesellschaft oder politische Absicht entfalten. Die Chronologie ganz aufzugeben, hätte aber umgekehrt bedeutet, dass besonders umstrittende Gedichte (etwa Reiner Kunzes »Sensible Wege«,

Sarah Kirschs »Schwarze Bohnen« oder Wolf Biermanns »Ballade auf den Dichter François Villon«) ihren historischen Bezug verloren hätten. Wir haben deswegen den chronologischen Rahmen mit lediglich vier Kapiteln sehr weit gespannt und öfters einzelnen Gedichten, die wir dann zur Information des Lesers datiert haben, ein anderes thematisches Umfeld gegeben. Wir hoffen, dass dieses Verfahren unsere Leser gewinnbringend verwirrt.

Zweitens haben wir darauf geachtet, den schon erwähnten großen Formenreichtum sichtbar zu machen. Zu unserer Erheiterung haben wir dabei auch einige ausgesprochene Prosa-Autoren (Katja Lange-Müller, Jurek Becker) beim Wildern auf lyrischem Gelände ertappt oder Mitglieder der »sächsischen Dichterschule« (Heinz Czechowski, Rainer Kirsch) bei strenger Kollegenabmahnung.

Schließlich: Neben der Hermetik gab es die Satire als klassische Waffe. Sie war in der DDR förmlich zuhause und durchaus sichtbar: Zur Verblüffung der Autoren wurde sie sogar gedruckt, da schützte sie offenbar das Medium: Der Zensor war zu dumm oder hielt sich für inkompetent (deswegen hatte der Film auch am meisten zu leiden, nicht nur als Massenkommunikationsmittel, sondern auch, weil sich jeder Zensor für kompetent hielt). Die Parteilyriker, insbesondere Preißler oder Kuba, waren selbstverständlich Hauptopfer dieser Satiren, bis in die Kirchen, als Choral.

Wie überhaupt Gedichte in der DDR einen ganz anderen Stellenwert hatten: Man entschuldigte sich mit ihnen, sie waren Zitatversteck, Verständigungsort oder Kommentar, kurz: Man warf mit Gedichtzeilen geradezu um sich. Dabei brachten es zwei Gedichte eindeutig zu nationalem Ruhm, und wir haben sie mit Vergnügen aufgenommen: Kurt Bartschs »Sozialistisches Biedermeier« und Richard Leisings »homo sapiens«. Jeder kannte die Zeilen »Links ein Sofa, rechts ein Sofa / In der Mitte ein Emblem« (zum Reimwort »bequem«), und das Gedicht von Leising wussten viele auswendig, obwohl es in verschiedenen Fassungen (wir entschieden uns für die erste) kursierte. Aber eine Strophe blieb stets unverändert:

Zu einem richtigen Arbeiterstaat
Gehört ein richtiger Kartoffelsalat

Womit deutlich wurde (wir kehren zurück zum Erbe), dass es sich um deutsche Lyrik in einem deutschen Staat handelte.

C.B./K.W.

Autoren und Quellen

Erich Arendt,

geb. 1903 in Neuruppin, gest. 1984 in Wilhelmshorst; Lehrer, Mitglied der KPD, floh 1933 nach Mallorca; kämpfte im Spanienkrieg für die republikanischen Truppen; 1941 Flucht nach Kolumbien; 1950 Übersiedlung in die DDR, freier Schriftsteller und Übersetzer (Neruda); 1952 Nationalpreis der DDR, 1966 Johannes-R.-Becher-Preis. Lyrik: *Trug doch die Nacht den Albatros* (1951), *Bergwindballade* (1952), *Ägäis* (1967), *Entgrenzen* (1981). *Nach dem Prozeß Sokrates*, in: Ägäis. Gedichte 1967 (Sämtliche Gedichte, Bd. 6), Rimbaud Verlag, Aachen 1995. © Rimbaud Verlag, Aachen.

Kurt Bartsch,

geb. 1937 in Berlin; Tätigkeiten als Leichenträger, Werbetexter und Lektoratsassistent; seit 1966 freier Autor, Texte für Kabarett und Theater; 1976 Protest gegen die Ausbürgerung Biermanns; 1979 Ausschluss aus dem Schriftstellerverband der DDR; 1980 Übersiedlung nach West-Berlin; ab 1986 Fernsehregisseur. Lyrik: *Zugluft* (1968), *Die Lachmaschine* (1971), *Kaderakte* (1979). *Sozialistischer Biedermeier*, in: Zugluft, Aufbau-Verlag, Berlin und Weimar 1968. © Kurt Bartsch.

Johannes R. Becher,

geb. 1891 in München, gest. 1958 in Berlin; ab 1911 Studium der Philologie, Philosophie und Medizin; floh 1933 in die Sowjetunion; 1945 Rückkehr nach Ost-Berlin, Mitbegründer des Aufbau-Verlags und der Zeitschrift ›Sinn und Form‹; 1945 erster Präsident des Kulturbundes, 1952–1956 Präsident der Akademie der Künste, 1954–1958 erster Kulturminister der DDR; 1950 Nationalpreis der DDR. Lyrik: *An Alle!* (1919), *Am Grabe Lenins* (1924), *Maschinenrhythmen* (1926), *Heimkehr* (1946), *Schritt der Jahrhundertmitte* (1958). *Nationalhymne der Deutschen Demokratischen Republik*, in: Gesammelte Werke in 18 Bänden, hrsg. v. Johannes-R.-Becher-Archiv der Deutschen Akademie der Künste der Deutschen Demokratischen Republik, Bd. 6: Ausgewählte Gedichte 1949–1958. © Aufbau-Verlag, Berlin (die Originalausgabe erschien 1973 im Aufbau-Verlag; Aufbau ist eine Marke der Aufbau Verlag GmbH & Co. KG). *Größe und Elend*, in: ebd. © Aufbau-Verlag, Berlin.

Jurek Becker,

geboren 1937 in Lódz/Polen, gest. 1997 in Sieseby/Schleswig-Holstein; Kindheit im jüdischen Ghetto und KZ Ravensbrück und Sachsenhausen; 1945 Übersiedlung nach Ost-Berlin; ab 1957 Studium der Philosophie an der Humboldt-Universität Berlin, 1960 aus politischen Gründen exmatrikuliert; ab 1960 Studium an der Filmhochschule Babelsberg; freier Schriftsteller; 1971 Heinrich-Mann-Preis und Charles-Veillon-Preis, 1975 Nationalpreis der DDR; aus Protest gegen den Ausschluss Reiner Kunzes vom Schriftstellerverband trat er 1977 aus dem Verband aus; 1977 Übersiedlung in den Westen. *Der tägliche Ärger*, in: Chansons aus dem anderen Deutschland, Verlag Neues Leben, Berlin 1966. © Christine Becker.

Manfred Bieler,

geboren 1934 in Zerbst/Anhalt, gest. 2002 in München; bis 1956 Germanistikstudium an der Humboldt-Universität Berlin; 1956–1957 wissenschaftlicher Mitarbeiter des Schriftstellerverbands, wegen Protests gegen die Niederschlagung des Aufstands in Ungarn entlassen; ab 1957 freier Autor; 1964 Übersiedlung nach Prag; 1969 Übersiedlung nach München.

Melkmaschine, Parodie auf Kuba, in: Walhalla. Literarische Parodien, Verlag Hoffmann und Campe, Hamburg 1988. © 1988 Manfred Bieler.

Wolf Biermann,

geb. 1936 in Hamburg; ging 1953 nach Ost-Berlin, studierte und lebte dort als Regieassistent, Autor und Liedermacher; seit 1965 Auftrittsverbot, 1976 Ausbürgerung nach einem Auftritt in Köln, lebt in Hamburg und Berlin; 1969 Fontane-Preis. Lyrik: *Die Drahtharfe* (1965), *Mit Marx- und Engelszungen* (1968), *Für meine Genossen* (1972).

Ballade auf den Dichter François Villon und *Warte nicht auf beßre Zeiten,* beide zuerst in: Die Drahtharfe. Balladen, Gedichte, Lieder, Verlag Klaus Wagenbach, Berlin 1965. © 1964 und 1963 Wolf Biermann. – *ND*: die Tageszeitung »Neues Deutschland«. *Kafka und die Fledermaus:* Versuch des Kulturpolitikers Kurella, die Kafkakonferenz in Liblice, 1963, den Beginn des »Prager Frühlings«, zu diskreditieren.

Johannes Bobrowski,

geb. 1917 in Tilsit, gest. 1965 in Berlin; ab 1937 Studium der Kunstgeschichte in Berlin; 1939–1945 Soldat, 1949 Rückkehr aus sowjetischer Kriegsgefangenschaft nach Ost-Berlin; 1950–1959 Lektor im Altberliner Verlag Lucie Groszer, anschließend im Union Verlag, daneben Veröffentlichung von Lyrik und Prosa; 1962 Preis der Gruppe 47, 1965 Heinrich-Mann-Preis, 1965 Charles-Veillon-Preis. Lyrik: *Sarmatische Zeit* (1961), *Schattenland Ströme* (1963), *Wetterzeichen* (1966).

Nachtfischer, Holunderblüte, Dorfmusik und *Sprache,* in: Gesammelte Werke in sechs Bänden, Bd. 1, Deutsche Verlags-Anstalt, Stuttgart 1998. © Deutsche Verlags-Anstalt, in der Verlagsgruppe Random House GmbH, München.

Thomas Brasch,

geb. 1945 in Westow/Yorkshire, gest. 2001 in Berlin; Sohn jüdischer Emigranten, siedelte 1947 mit Familie in den sowjetisch besetzten Teil Deutschlands über; 1964–1965 Journalistik-Studium, aus politischen Gründen exmatrikuliert; 1967–1968 Dramaturgie-Studium an der Filmhochschule Babelsberg; 1968–1969 wegen Protests gegen die Besetzung der ČSSR inhaftiert; 1971–1972 Arbeit im Brecht-Archiv, danach als freier Schriftsteller, Drehbuchautor und Regisseur; 1976 Übersiedlung nach West-Berlin; 1987 Kleist-Preis. Lyrik: *Poesiealbum 89* (1975), *Der schöne 27. September* (1980).

Kassandra 3, in: Kargo. 32. Versuch auf einem untergehenden Schiff aus der eigenen Haut zu kommen, Suhrkamp Verlag, Frankfurt/M. 1977. © Suhrkamp Verlag, Frankfurt/M.

Volker Braun,

geb. 1939 in Dresden; Arbeiter in einer Druckerei, seit 1958 Tiefbauarbeiter im Kombinat »Schwarze Pumpe« bei Hoyerswerda; 1960–1964 Studium der Philosophie in Leipzig; arbeitete seit 1965 als Dramaturg in Berlin, seit 1990 als Schriftsteller; 1976 Erstunterzeichner des Protestbriefs gegen die Ausbürgerung Biermanns; 1980 Heinrich-Mann-

Preis, 1988 Nationalpreis der DDR. Lyrik: *Provokation für mich* (1965), *Wir und nicht sie* (1970), *Gegen die symmetrische Welt* (1974), *Training des aufrechten Gangs* (1979).

Das Leben, in: Langsamer knirschender Morgen. Gedichte, Suhrkamp Verlag, Frankfurt / M. 1987. © Suhrkamp Verlag, Frankfurt/M.

Das Verschwinden des Volkseigentums, in: Auf die schönen Possen. Gedichte, Suhrkamp Verlag, Frankfurt/M. 2005. © Suhrkamp Verlag, Frankfurt/M.

Die Geräusche meines Lands, zuerst in: Training des aufrechten Gangs. Gedichte, Mitteldeutscher Verlag, Halle 1979. © Suhrkamp Verlag, Frankfurt/M.

Kommt uns nicht mit Fertigem, zuerst in: Auswahl 64. Neue Lyrik – Neue Namen, Verlag Neues Leben, Berlin 1964. © Suhrkamp Verlag, Frankfurt/M.

Bertolt Brecht,

geb. 1898 in Augsburg, gest. 1956 in Berlin; ab 1922 Dramaturg an den Münchner Kammerspielen, ab 1924 am Deutschen Theater in Berlin; 1933 Flucht aus Berlin nach Dänemark, 1939–1941 Flucht über Schweden, Finnland und Moskau in die USA, die er 1947 nach dem Verhör des ›Committee of Unamerican Activities‹ in Richtung Europa verlässt; 1949 Übersiedlung nach Ost-Berlin und Eröffnung des Berliner Ensembles; 1951 Nationalpreis der DDR. Lyrik: *Hundert Gedichte 1918–1950* (1951).

Zwei Buckower Elegien, in: Gedichte 2. Sammlungen 1938–1956. Große kommentierte Berliner und Frankfurter Ausgabe Bd. XII, Aufbau-Verlag, Berlin und Weimar, Suhrkamp Verlag, Frankfurt/M. 1988. © Suhrkamp Verlag, Frankfurt/M.

Nicht feststellbare Fehler der Kunstkommission und *Nicht so gemeint*, in: Gedichte 1947–1956. Gesammelte Werke Bd. 10: Gedichte 3, hrsg. v. Suhrkamp Verlag in Zusammenarbeit mit Elisabeth Hauptmann, Frankfurt/M. 1961. © Suhrkamp Verlag, Frankfurt/M.

Hanns Cibulka,

geb. 1920 in Jägerndorf/Tschechoslowakei, gest. 2004 in Gotha; gelernter Handelskaufmann; 1939–1945 Soldat. Übersiedlung nach Thüringen; von 1948 bis 1985 Arbeit als Bibliothekar; 1978 Johannes-R.-Becher-Preis. Lyrik: *Märzlicht* (1954), *Windrose* (1968), *Lichtschwalben* (1973), *Der Rebstock* (1980).

Geodäsie, in: Losgesprochen. Gedichte aus drei Jahrzehnten, Verlag Philipp Reclam jun., Leipzig 1986. © Christa Cibulka.

Heinz Czechowski,

geb. 1935 in Dresden; Lehre als graphischer Zeichner; 1958–1961 Studium am Institut für Literatur »Johannes R. Becher« in Leipzig; 1961–1965 Lektor beim Mitteldeutschen Verlag in Halle; lebt als Schriftsteller in Frankfurt/M.; 1977 Heinrich-Heine-Preis, 1984 Heinrich-Mann-Preis. Lyrik: *Nachmittag eines Liebespaares* (1962), *Wasserfahrt* (1967), *Schafe und Sterne* (1975), *Was mich betrifft* (1981), *Ich, beispielsweise* (1982), *An Freund und Feind* (1983).

Erfahrungen mit Karpfen, in: Tintenfisch 8, Verlag Klaus Wagenbach, Berlin 1975.

Landschaftsschutzgebiet, in: Im Gewitter der Geraden. Deutsche Ökolyrik 1950–1980, C. H. Beck'sche Verlagsbuchhandlung, München 1981.

Unsere Kinder werden die Berge sehn, in: Nachmittag eines Liebespaares, Mitteldeutscher Verlag, Halle/Saale 1962. © Heinz Czechowski.

Kurt Drawert,

geb. 1956 in Hennigsdorf/Brandenburg, ausgebildeter Elektronikfacharbeiter, holte Abitur auf der Abendschule nach; 1982–1985 Studium am Institut für Literatur »Johannes R. Becher« in Leipzig; seit 1986 freier Schriftsteller; seit 2004 Leiter des Zentrums für junge Literatur in Darmstadt. Lyrik: *Zweite Inventur* (1987), *Privateigentum* (1989).
Wieder ein Abend von denen, in: Zweite Inventur. Gedichte, Aufbau-Verlag, Berlin 1987. © Aufbau Verlag GmbH & Co. KG, Berlin

Gabriele Eckart,

geb. 1954 in Falkenstein/Vogtland; 1972–1976 Studium der Philosophie an der Humboldt-Universität Berlin; 1987 Übersiedlung in die Bundesrepublik, 1988 in die USA. Lyrik: *Poesiealbum* 80 (1974), *Tagebuch* (1978), *Sturzacker* (1985), *Wie mag ich alles was beginnt* (1987).
Adieu Land, in: Jahrbuch der Lyrik 1988, hrsg. v. Christoph Buchwald und Friederike Roth, Luchterhand Literaturverlag, Darmstadt 1988. © Gabriele Eckart.

Adolf Endler,

geb. 1930 in Düsseldorf; 1955 Übersiedlung in die DDR; 1955–1957 Studium am Institut für Literatur »Johannes R. Becher« in Leipzig; seitdem freier Autor; 1979 Ausschluss aus dem Schriftstellerverband der DDR, Veröffentlichung in Untergrundzeitschriften. Lyrik: *Erwacht ohne Furcht* (1960), *Das Sandkorn* (1974), *Nackt mit Brille* (1975), *Akte Endler* (1981).
Der älteste Mensch der Welt, in: Das Sandkorn. Gedichte, Mitteldeutscher Verlag, Halle/ Saale 1974. © Suhrkamp Verlag, Frankfurt/M.
Der Laubenpieperfriedhof, in: Das Sandkorn. Gedichte, Mitteldeutscher Verlag, Halle/ Saale 1974. © Suhrkamp Verlag, Frankfurt/M.

Elke Erb,

geb. 1938 in Scherbach/Eifel; 1949 Übersiedlung in die DDR nach Halle; 1957–58 Studium der Pädagogik, Geschichte und Germanistik; 1958–59 Landarbeiterin; 1959–63 Pädagogik-Studium; bis 1965 Lektorin im Mitteldeutschen Verlag Halle; seit 1966 freie Autorin in Berlin; 1988 Peter-Huchel-Preis. Lyrik und Kurzprosa: *Gutachten* (1975), *Einer schreit: Nicht!* (1976), *Der Faden der Geduld* (1978), *Trost* (1982), *Vexierbild* (1983).
Das Flachland vor Leipzig, in: Gutachten. Poesie und Prosa, Aufbau-Verlag, Berlin und Weimar 1975. © Elke Erb.
Schuld sind die, in: Trost. Gedichte und Prosa, ausgewählt von Sarah Kirsch, Deutsche Verlags-Anstalt, Stuttgart 1982. © Elke Erb.

Franz Fühmann,

geb. 1922 in Rochlitz an der Iser/Tschechoslowakei, gest. 1984 in Berlin; 1941–1945 Soldat, sowjetische Kriegsgefangenschaft; ab 1946 Antifa-Schule in Noginsk bei Moskau, 1949 Übersiedlung in die DDR; bis 1958 Kulturfunktionär der NDPD; ab 1958 freier Schriftsteller; 1956 Heinrich-Mann-Preis, 1957 und 1974 Nationalpreis der DDR; 1976 Erstunterzeichner des Protestbriefs gegen die Ausbürgerung Biermanns. Lyrik: *Die Nelke Nikos* (1953), *Die Fahrt nach Stalingrad* (1953), *Aber die Schöpfung soll dauern* (1957), *Die Richtung der Märchen* (1962).
Die Richtung der Märchen, in: Autorisierte Werkausgabe, Bd. 2: Gedichte und Nachdichtungen. Hinstorff Verlag, Rostock 1993. © Hinstorff Verlag, Rostock.

Louis Fürnberg,

geb. 1909 in Iglau/Tschechoslowakei, gest. 1957 in Weimar; aufgewachsen in einer jüdischen Fabrikantenfamilie; ab 1928 Mitglied der Kommunistischen Partei; 1939 Inhaftierung durch die Nationalsozialisten; 1940–1941 Flucht nach Palästina; 1946 Rückkehr nach Prag; 1949–1952 Kulturattaché der Botschaft der ČSSR in Ost-Berlin; 1954–1955 Leiter der nationalen Forschungs- und Gedenkstätte der klassischen deutschen Literatur in Weimar; 1956 Nationalpreis der DDR. Lyrik: *Der Bruder Namenlos* (1947), *Wanderer in den Morgen* (1951), *Das wunderbare Gesetz* (1956).
In diesem Sommergarten, in: Gesammelte Werke in sechs Bänden, Bd. 1, Aufbau-Verlag, Berlin und Weimar 1964. ©Alena Fürnberg.

Peter Gosse,

geb. 1938 in Leipzig; 1956–1962 Studium der Hochfrequenztechnik in Moskau, danach Arbeit als Ingenieur; seit 1968 freier Schriftsteller; ab 1985 Dozent für Lyrik am Institut für Literatur »Johannes R. Becher«, 1993 dessen kommissarischer Leiter; 1985 Heinrich-Heine-Preis. Lyrik: *Antiherbstzeitlose* (1968), *Ortungen* (1975), *Ausfahrt aus Byzanz* (1982).
Schok, in: Ausfahrt aus Byzanz. Gedichte, Mitteldeutscher Verlag, Halle/Leipzig 1982. © Peter Gosse.

Uwe Greßmann,

geb. 1933 in Steinbach-Hallenberg, gest. 1969 in Berlin; wuchs in Waisenhäusern und bei Pflegeeltern auf, erkrankte früh an Tuberkulose; ab 1954 Arbeit als Kugelschreibermontierer, später als Bote in Berlin; in den letzten Lebensjahren freier Autor. Lyrik: *Der Vogel Frühling* (1966), *Das Sonnenauto* (1972), *Sagenhafte Geschöpfe* (1978).
Einladung, in: Der Vogel Frühling, Mitteldeutscher Verlag, Halle/Saale 1966. © Akademie der Künste, Berlin.

Durs Grünbein,

geb. 1962 in Dresden; lebt seit 1984 in Berlin; bis 1987 Studium der Theatergeschichte (ohne Abschluss), seitdem freier Autor. Lyrik: *Grauzone morgens* (1988).
An diesem Morgen, in: Grauzone morgens. Gedichte, Suhrkamp Verlag, Frankfurt/M. 1988. © Suhrkamp Verlag, Frankfurt/M.

Peter Hacks,

geb. 1928 in Breslau, gest. 2003 bei Groß Machnow; Studium der Soziologie, Philosophie, Literatur- und Theaterwissenschaften in München; 1951 Promotion, danach freier Autor; 1955 Übersiedlung in die DDR; 1960–1963 Dramaturg am Deutschen Theater in Ost-Berlin, seitdem Arbeit als freier Schriftsteller; 1974 und 1977 Nationalpreis der DDR, 1981 Heinrich-Mann-Preis. Lyrik: *Der Flohmarkt* (1965), *Die Gedichte* (2000).
1990, in: Hacks Werke in fünfzehn Bänden, Bd. 1: Die Gedichte, Eulenspiegel Verlag, Berlin 2003. ©Eulenspiegel Verlag, Berlin.

Kerstin Hensel,

geb. 1961 in Karl-Marx-Stadt (Chemnitz); ausgebildete Krankenschwester; 1983–1985 Studium am Institut für Literatur »Johannes R. Becher«; bis 1987 Aspirantin am Leipziger Theater, seitdem freie Autorin; seit 1987 Dozentin für »Deutsche Verssprache und Versgeschichte« an der Hochschule für Schauspielkunst »Ernst Busch« Berlin; 1987 Anna-Seghers-Preis. Lyrik: *Poesiealbum* (1986), *Stilleben mit Zukunft* (1988).

Sonett, zuerst in: Stilleben mit Zukunft, Mitteldeutscher Verlag, Halle/Leipzig 1988. ©
Kerstin Hensel.

Stephan Hermlin,

geb. 1915 in Chemnitz, gest. 1997 in Berlin; wuchs in wohlhabender jüdischer Unternehmerfamilie auf; 1933–1936 Arbeit als Drucker und im kommunistischen Widerstand; 1936 Emigration; nach Kriegsende Rundfunkredakteur in Frankfurt/M.; 1947 Übersiedlung nach Ost-Berlin; 1960–1963 Sekretär der Sektion Dichtkunst der Akademie der Künste; 1976 Initiator des Protests gegen die Ausbürgerung Biermanns; 1950, 1954 und 1975 Nationalpreis der DDR. Lyrik: *Zwölf Balladen von den großen Städten* (1945), *Die Straßen der Furcht* (1946), *Zweiundzwanzig Balladen* (1947), *Der Flug der Taube* (1952), *Dichtungen* (1956).

Die Asche von Birkenau und *Die Vögel und der Test*, in: Gedichte und Nachdichtungen, Aufbau-Verlag, Berlin 1990. © Verlag Klaus Wagenbach Berlin.

Wolfgang Hilbig,

geb. 1941 in Meuselwitz, gest. 2007 in Berlin; Lehre als Dreher, Arbeit als Werkzeugmacher, Hilfsschlosser und Heizer; 1978 veröffentlichte er erste Gedichte in der Bundesrepublik; ab 1981 freier Schriftsteller in Berlin und Leipzig; 1985 Übersiedlung in die Bundesrepublik; 1989 Ingeborg-Bachmann-Preis. Lyrik: *Abwesenheit* (1979), *Die Versprengung* (1986).

die ruhe auf der flucht, in: die versprengung, S. Fischer Verlag, Frankfurt/M. 1986. © S. Fischer Verlag GmbH, Frankfurt/M.

episode und *gleichnis*, in: abwesenheit, S. Fischer Verlag, Frankfurt/M. 1979. © S. Fischer Verlag GmbH, Frankfurt/M.

Peter Huchel,

geb. 1903 in Lichterfelde bei Berlin, gest. 1981 in Staufen; Studium der Literaturwissenschaft und Philosophie in Berlin, Freiburg und Wien; ab 1930 in Berlin; 1941–1945 Soldat, sowjetische Kriegsgefangenschaft; 1945–1949 Arbeit beim Berliner Rundfunk, zuletzt dessen künstlerischer Direktor; ab 1949 Chefredakteur der Zeitschrift ›Sinn und Form‹, 1962 zum Rücktritt gezwungen; 1971 Ausreise aus der DDR; 1951 Nationalpreis der DDR, 1963 Theodor-Fontane-Preis. Lyrik: *Gedichte* (1948), *Chausseen Chausseen* (1963), *Gezählte Tage* (1972).

Unter der Wurzel der Distel und *Psalm* und *An taube Ohren der Geschlechter*, in: Chausseen Chausseen, S. Fischer Verlag, Frankfurt/M. 1963. © S. Fischer Verlag GmbH, Frankfurt/M.

Die Ordnung der Gewitter, in: Gezählte Tage, Suhrkamp Verlag, Frankfurt/M. 1972. © Suhrkamp Verlag, Frankfurt/M.

Bernd Jentzsch,

geb. 1949 in Plauen; 1960–1965 Studium der Germanistik und Kunstgeschichte in Leipzig und Jena; 1965–1974 Lektor im Verlag Neues Leben Berlin, 1967 Gründung der Lyrikreihe *Poesiealbum*; nach öffentlichem Protest gegen die Ausbürgerung Biermanns kehrt er 1976 von einem Studienaufenthalt in der Schweiz nicht in die DDR zurück;

1968 Bobrowski-Medaille. Lebt in Euskirchen. Lyrik: *Alphabet des Morgens* (1961), *In stärkerem Maße* (1977).
In stärkerem Maße, in: Quartiermachen, Carl Hanser Verlag, München/Wien 1978. © Bernd Jentzsch.

Heinz Kahlau,
geb. 1931 in Drewitz/Potsdam; Hilfsarbeiter, Traktorist und FDJ-Funktionär; ab 1953 Meisterschüler Brechts an der Akademie der Künste Berlin; seit 1956 freier Autor; 1963 Heinrich-Heine-Preis, 1972 Lessing-Preis, 1981 Johannes-R.-Becher-Preis, 1985 Nationalpreis der DDR; lebt auf Usedom. Lyrik: *Der Fluß der Dinge* (1964), *Du. Liebesgedichte* (1971), *Flugbrett für Engel* (1974), *Fundsachen* (1984), *Querholz. Sinn- und Unsinngedichte* (1989).
An Kleinbürgergräbern und *Wieviel Erschütterungen trägt ein Mensch?,* in: Bögen. Ausgewählte Gedichte 1950–1980, hrsg. v. Ursula Emmerich, Aufbau-Verlag, Berlin 1981. © Aufbau Verlag GmbH & Co. KG, Berlin.

Heinar Kipphardt,
geb. 1922 in Heidersdorf/Schlesien, gest. 1982 in München; Medizin-Studium; 1949 Übersiedlung nach Ost-Berlin, Arzt an der Charité; 1950–1959 Arbeit am Deutschen Theater, zuletzt als Chefdramaturg; 1959 Übersiedlung in die BRD, Dramaturg am Düsseldorfer Schauspielhaus, danach freier Schriftsteller in München; 1953 Nationalpreis der DDR.
Bäder, in: Umgang mit Paradiesen. Gesammelte Gedichte, Rowohlt Taschenbuch Verlag, Reinbek bei Hamburg 1990. © Rowohlt Taschenbuch Verlag GmbH, Reinbek.

Annerose Kirchner,
geb. 1951 in Leipzig; Stenotypistin in einer Zeitungsredaktion, 1976–1979 Studium am Institut für Literatur »Johannes R. Becher«, Übersiedlung nach Gera, Tätigkeit am Theater, seit 1989 freie Autorin. Lyrik: *Mittagsstein* (1979), *Im Maskensaal* (1989).
Brandleite-Tunnel, in: Mittagsstein, Aufbau-Verlag, Berlin und Weimar 1979. © Annerose Kirchner.

Rainer Kirsch,
geb. 1934 in Döbeln/Sachsen; Studium der Geschichte und Philosophie in Halle und Jena; 1957 Relegation, Arbeit in Druckerei, Chemiewerk und LPG; 1963–1965 Studium am Institut für Literatur »Johannes R. Becher« in Leipzig; seit 1965 freier Schriftsteller in Halle; 1973 Ausschluss aus der SED. Lebt in Berlin. Lyrik: *Gespräch mit dem Saurier,* mit Sarah Kirsch (1965), *Ausflug machen* (1980), *Kunst in Mark Brandenburg* (1988).
2005, in: Ausflug machen. Hinstorff Verlag, Rostock 1980. © © Rainer Kirsch.
Ernste Mahnung 75, in: Ausflug machen. Hinstorff Verlag, Rostock 1980.
Meinen Freunden, den alten Genossen, in: Gespräch mit dem Saurier. Gedichte von Sarah und Rainer Kirsch. Verlag Neues Leben, Berlin 1965. © Rainer Kirsch.

Sarah Kirsch,
geb. 1935 in Limlingerode/Südharz; Studium der Biologie in Halle; 1963–1965 Studium am Institut für Literatur »Johannes R. Becher« in Leipzig; seit 1965 freie Autorin, ab 1968 in Ost-Berlin; 1976 Erstunterzeichnerin des Protestbriefs gegen die Ausbürge-

rung Biermanns; 1977 Übersiedlung nach West-Berlin; lebt seit 1983 in Tielenhemme/ Schleswig-Holstein; 1973 Heinrich-Heine-Preis. Lyrik: *Gespräch mit dem Saurier*, mit Rainer Kirsch (1965), *Landaufenthalt* (1967), *Zaubersprüche* (1973), *Es war dieser merkwürdige Sommer* (1974), *Rückenwind* (1976).
Die Nacht streckt ihre Finger aus, Ich wollte meinen König töten und *Schwarze Bohnen*, in: Sämtliche Gedichte, Deutsche Verlags-Anstalt 2005. © Deutsche Verlags-Anstalt, München, in der Verlagsgruppe Random House GmbH.

Wulf Kirsten,

geb. 1934 in Klipphausen/Meißen; kaufmännische Lehre und Tätigkeiten als Bauarbeiter und Buchhalter; ab 1960 Pädagogikstudium in Leipzig; 1965–1987 Lektor beim Aufbau-Verlag; seit 1988 freier Schriftsteller in Weimar; 1985 Johannes-R.-Becher-Preis, 1987 Peter-Huchel-Preis, 1989 Heinrich-Mann-Preis. Lyrik: *Poesiealbum* (1968), *satzanfang* (1970), *Ziegelbrennersprache* (1974), *der bleibaum* (1977), *die erde bei meißen* (1986), *Veilchenzeit* (1989).
die erde bei meißen, in: Erdlebenbilder. Gedichte aus 50 Jahren, 1954–2004, Ammann Verlag, Zürich 2004. © Ammann Verlag, Zürich.

Barbara Köhler,

geb. 1959 in Burgstädt/Sachsen; 1985–1988 Studium am Institut für Literatur »Johannes R. Becher« in Leipzig, lebt seit 1994 als freie Autorin in Duisburg. Lyrik: *Deutsches Roulette* (1991), *Blue Box* (1995).
Rondeau Allemagne, in: Deutsches Roulette. Gedichte 1984–1989, Suhrkamp Verlag, Frankfurt/M. 1991. © Suhrkamp Verlag, Frankfurt/M.

Uwe Kolbe,

geb. 1957 in Ost-Berlin; ab 1979 freier Autor; 1980–1981 Sonderkurs am Institut für Literatur »Johannes R. Becher« in Leipzig; ab 1982 faktisches Publikationsverbot, Arbeit als Übersetzer und für Untergrundzeitschriften, 1988 Übersiedlung nach Hamburg; lebt als freier Schriftsteller in Berlin. Lyrik: *Hineingeboren* (1980), *Abschiede und andere Liebesgedichte* (1981), *Bornholm II* (1986).
Wir leben mit Rissen, in: Hineingeboren. Gedichte 1975–1979, Suhrkamp Verlag, Frankfurt/M. 1982. © Suhrkamp Verlag, Frankfurt/M.

Kuba (Kurt Barthel),

geb. 1914 in Garnsdorf bei Chemnitz, gest. 1967 in Frankfurt/M.; gelernter Dekorationsmaler; 1933 Emigration nach Prag und England; 1946 Übersiedlung nach Berlin, beteiligt am Aufbau der FDJ; ab 1954 im ZK der SED; ab 1956 Chefdramaturg des Rostocker Theaters; 1949, 1958 und 1959 Nationalpreis der DDR. Lyrik: *Gedicht vom Menschen* (1948), *Kantate auf Stalin* (1949), *Gedichte* (1961).
Sagen wird man über unsre Tage, in: Gedichte. Eine Auswahl, Aufbau-Verlag, Berlin 1952. © Hela Barthel.

Günter Kunert,

geb. 1929 in Berlin; 1943 Lehre in einem Textilgeschäft; ab 1946 Grafik-Studium; veröffentlicht ab 1947 erste Gedichte; 1976 Erstunterzeichner des Protestbriefs gegen die Ausbürgerung Biermanns; 1979 Übersiedlung in die Bundesrepublik, lebt seitdem als freier

Schriftsteller in Kaisborstel bei Itzehoe; 1962 Heinrich-Mann-Preis, 1973 Johannes-R.-Becher-Preis. Lyrik: *Wegschilder und Mauerinschriften* (1950), *Unter diesem Himmel* (1955), *Erinnerung an einen Planeten* (1963), *Der ungebetene Gast* (1965), *Verkündigung des Wetters* (1966), *Unschuld der Natur* (1966), *Warnung vor Spiegeln* (1970), *Offener Ausgang* (1972), *Im weiteren Fortgang* (1974), *Unterwegs nach Utopia* (1977), *Unruhiger Schlaf* (1979).

Bedauerlicher Hitler, in: Warnung vor Spiegeln. Gedichte, Carl Hanser Verlag, München 1970. © Carl Hanser Verlag, München.

Marx, in: Die Schreie der Fledermäuse. Geschichten, Gedichte, Aufsätze, Carl Hanser Verlag, München 1979. © Carl Hanser Verlag, München.

Reiner Kunze,

geb. 1933 in Oelsnitz/Erzgebirge; 1951–1955 Studium der Philosophie und Journalistik in Leipzig; bis 1959 Assistent an der Fakultät für Journalistik, verlässt die Universität aus politischen Gründen kurz vor seiner Promotion; Arbeit als Hilfsschlosser; seit 1962 freier Schriftsteller. 1976 Ausschluss aus dem Schriftstellerverband der DDR; 1977 Übersiedlung in die Bundesrepublik nach Erlau bei Passau. Lyrik: *Vögel über dem Tau* (1959), *Widmungen* (1963), *sensible wege* (1969), *zimmerlautstärke* (1972).

Der Vogel Schmerz, in: Gedichte, S. Fischer Verlag, Frankfurt/M. 2001. © S. Fischer Verlag GmbH, Frankfurt/M.

Das Ende der Kunst und *Die Bringer Beethovens*, in: gespräch mit der amsel, S. Fischer Verlag, Frankfurt/M. 1984. © S. Fischer Verlag GmbH, Frankfurt/M.

Die Mauer, in: ein tag auf dieser erde. Gedichte, S. Fischer Verlag, Frankfurt/M. 1998. © S. Fischer Verlag GmbH, Frankfurt/M.

Hartmut Lange,

geb. 1937 in Berlin-Spandau; Dramaturgie-Studium an der Filmhochschule Babelsberg, 1961–1964 Dramaturg am Deutschen Theater in Ost-Berlin; 1965 Übersiedlung nach West-Berlin; lebt in Berlin und bei Perugia.

Trotzki in Coyoacan, in: Vom Werden und andere Stücke fürs Theater, Diogenes Verlag, Zürich 1988. © Diogenes Verlag, Zürich.

Katja Lange-Müller,

geb. 1951 in Berlin-Lichtenberg; Ausbildung zur Schriftsetzerin, Arbeit als Bildredakteurin bei der ›Berliner Zeitung‹, Requisiteurin beim Fernsehen der DDR und Pflegerin in der Psychiatrie; 1979–1982 Studium am Institut für Literatur »Johannes R. Becher« in Leipzig, danach einjähriges Praktikum in einer Teppichfabrik in der Mongolei; 1983 Lektorin im Altberliner Verlag; 1984 Übersiedlung nach West-Berlin; lebt in Berlin.

Broiler-Requiem, in: Das letzte Mahl mit der Geliebten, hrsg. v. Rainer Kirsch u. Manfred Wolter, Eulenspiegel Verlag, Berlin 1975. © Katja Lange-Müller. – *KIM*: Kombinat Industrielle Mast.

Richard Leising,

geb. 1934 in Chemnitz, gest. 1997 in Berlin; ab 1952 Arbeit als Dramaturg, Lyriker der sächsischen Dichterschule, Freundschaft mit Sarah Kirsch, Karl Mickel und Heinz Czechowski. Lyrik: *Poesiealbum* (1975).

Homo Sapiens, in: Poesiealbum, hrsg. v. Bernd Jentzsch, Verlag Neues Leben, Berlin 1975. © Langewiesche-Brandt, Ebenhausen bei München.

Kito Lorenc,

geb. 1938 in Schleife/Lausitz; Enkel des sorbischen Schriftstellers Jakub Lorenc-Zalĕski; 1956–1961 Slawistik-Studium in Leipzig; 1972–1979 Dramaturg am staatlichen Ensemble für sorbische Volkskultur; seit 1979 freier Schriftsteller, zahlreiche Werke mit Lyrik in sorbischer und deutscher Sprache. Lebt in Wuischke bei Hochkirch; 1974 Heinrich-Heine-Preis. Lyrik: *Nowe časy – nowe kwasy (Neue Zeiten – neue Hochzeiten)* (1961), *Flurbereinigung* (1973), *Wortland* (1984).

Die Stimme gibt Empfehlungen zum Überleben bei Atomkrieg, zuerst in: Jahrbuch der Lyrik 1986, Luchterhand Literaturverlag, Darmstadt 1986. © Kito Lorenc.

Georg Maurer,

geb. 1907 in Reghin/Siebenbürgen, gest. 1971 in Potsdam; Studium der Kunstgeschichte, Germanistik und Philosophie, danach Kunstkritiker und Lokalreporter; 1940–1944 Soldat; 1945 Rückkehr nach Leipzig; lehrte 1955–1970 Lyrik am Institut für Literatur »Johannes R. Becher«; 1961 Johannes-R.-Becher-Preis, 1965 Nationalpreis der DDR. Lyrik: *Ewige Stimmen* (1936), *Gesänge der Zeit* (1948), *Zweiundvierzig Sonette* (1953), *Die Elemente* (1955), *Lob der Venus* (1956), *Dreistrophenkalender* (1961), *Gespräche* (1967), *Stromkreis* (1964), *Im Blick der Uralten* (1965), *Erfahrene Welt* (1973).

Der Mensch, in: Variationen, Mitteldeutscher Verlag, Halle/Saale 1965. © Eva Maurer.
Ihr Toten, in: Erfahrene Welt, Mitteldeutscher Verlag, Halle/Saale 1972. © Eva Maurer.

Steffen Mensching,

geb. 1958 in Berlin; Studium am Institut für Literatur »Johannes R. Becher«; bis 1985 Autor und Schauspieler des Liedertheaters »Karls Enkel«, danach bis 1999 Kabarett mit Hans-Eckardt Wenzel; 1989 Heinrich-Heine-Preis. Lyrik: *Poesiealbum* (1979), *Erinnerung an eine Milchglasscheibe* (1984), *Tuchfühlung* (1986).

Amtliches Fernsprechbuch, Reichspostbezirk Berlin 1941, in: Erinnerung an eine Milchglasscheibe. Gedichte, Mitteldeutscher Verlag, Halle/Leipzig 1984. © Steffen Mensching.

Karl Mickel,

geb. 1935 in Dresden, gest. 2000 in Berlin; Wirtschaftsstudium, Tätigkeit als Redakteur und in der Leitung des Berliner Ensembles; seit 1978 freier Schriftsteller und Dozent an der Hochschule für Schauspielkunst »Ernst Busch«; 1978 Heinrich-Mann-Preis, 1983 Nationalpreis der DDR. Lyrik: *Lobverse und Beschimpfungen* (1963), *Eisenzeit* (1975), *Odysseus in Ithaka* (1976).

Ballett, in: Schriften 2. Palimpsest. Gedichte und Kommentare 1975–1989, Mitteldeutscher Verlag, Halle/Leipzig 1990. © Carla Lehmann.
Die Friedensfeier und *Die Elbe,* in: Schriften 1. Gedichte 1957–1974, Mitteldeutscher Verlag, Halle/Leipzig 1990. © Carla Lehmann.
Schlittschuhlaufen, in: Odysseus in Ithaka. Gedichte 1957–1974, Verlag Philipp Reclam jun., Leipzig 1976. © Carla Lehmann.

Heiner Müller,

geb. 1929 in Eppendorf/Sachsen, gest. 1995 in Berlin; ab 1950 journalistische Tätigkeit in Berlin; seit 1955 Arbeit an Produktionsstücken, bis 1959 Mitbeit am Maxim-Gorki-Theater in Berlin; seit 1959 freier Schriftsteller; 1961 Ausschluss aus dem Schriftstellerverband; 1970–1976 Dramaturg am Berliner Ensemble, danach künstlerischer Berater an der Berliner Volksbühne; 1976 Erstunterzeichner der Biermann-Petition; 1990–1993 letzter Präsident der Akademie der Künste/Ost; 1959 Heinrich-Mann-Preis mit Inge Müller, 1985 Georg-Büchner-Preis, 1986 Nationalpreis der DDR. Lyrik: *Gedichte* (1992). *Bericht vom Anfang*, in: Werke I. Die Gedichte, Suhrkamp Verlag, Frankfurt/M. 1998. *Philoktet 1950*, in: Werke I. Die Gedichte, Suhrkamp Verlag, Frankfurt/M. 1998. © Suhrkamp Verlag, Frankfurt/M.

Inge Müller,

geb. 1925 in Berlin, gest. 1966 in Berlin durch Freitod; nach dem Krieg journalistische Tätigkeit als Volkskorrespondentin; 1955–1966 verheiratet mit Heiner Müller, gemeinsame Arbeit an Hörspielen und Theaterstücken; 1959 Heinrich-Mann-Preis mit Heiner Müller. Lyrik: *Poesiealbum* (1976), *Wenn ich schon sterben muß* (1986).
Wir, in: Wenn ich schon sterben muß. Gedichte, Aufbau-Verlag, Berlin/Weimar 1985. © Aufbau Verlag GmbH & Co. KG, Berlin.

Helga M. Novak,

geb. 1935 in Berlin; 1954–1957 Studium der Journalistik und Philosophie in Leipzig; 1961 Heirat nach Island; 1965 Rückkehr in die DDR, Studium am Institut für Literatur »Johannes R. Becher«; 1966 wegen regimekritischer Texte Aberkennung der DDR-Staatsbürgerschaft, Übersiedlung nach Island, später in die Bundesrepublik, lebt seit 1987 in Polen; 1968 Bremer Literaturpreis, 1979 Stadtschreiberin von Bergen-Enkheim. Lyrik: *Ballade von der reisenden Anna* (1965), *Colloquium mit vier Häuten* (1967), *Margarete mit dem Schrank* (1978).
Ballade von der reisenden Anna und *Brief an Medea*, in: Solange noch Liebesbriefe eintreffen. Gesammelte Gedichte, hrsg. v. Rita Jorek, Schöffling & Co., Frankfurt/M. 1999. © Schöffling & Co. Verlagsbuchhandlung GmbH, Frankfurt/M.

Bert Papenfuß-Gorek,

geb. 1956 in Stavenhagen/Mecklenburg; 1972–1975 Lehre als Elektronikfacharbeiter; 1975–1980 Beleuchter an verschiedenen Theatern; lebt seit 1976 in Berlin, ab 1980 als freier Autor. Lyrik: *harm.arkdichtung* 77 (1985), *dreizehntanz* (1988).
die entstehung des prenzlauer bergs aus feuchtem kehricht, zuerst in: Jahrbuch der Lyrik 1989, Luchterhand Literaturverlag, Frankfurt/M. 1989. © Bert Papenfuß-Gorek. – Das Gedicht enthält zahlreiche Anspielungen auf Orte, Straßen und Personen der DDR resp. des Berliner Bezirks Prenzlauer Berg. *ogis raguhn*: Fruchtsaftfabrik bei Dessau.

Richard Pietraß,

geb. 1946 in Lichtenstein/Sachsen; 1968–1975 Studium der Klinischen Psychologie an der Humboldt-Universität Berlin; 1975–1979 Lyriklektor im Verlag Neues Leben; 1977–1979 Herausgeber der Lyrikreihe *Poesiealbum*, seit 1979 freier Schriftsteller; lebt in Berlin. Lyrik: *Poesiealbum* (1974), *Notausgang* (1980), *Freiheitsmuseum* (1982), *Spielball* (1987).
Die Schattenalge, in: Spielball, Aufbau-Verlag, Berlin und Weimar 1987. © Richard Pietraß.

Christa Reinig,

geb. 1926 in Berlin, gest. 2008 in München; Tätigkeit als Fabrikarbeiterin und Blumenbinderin, Abitur auf der Abendschule; 1950–1953 Studium an der Arbeiter- und Bau-

ernfakultät; 1953–1957 Studium der Kunstgeschichte und christlichen Archäologie an der Humboldt-Universität in Berlin; 1957–1963 wissenschaftliche Assistentin am Märkischen Museum in Ost-Berlin; 1951 Publikationsverbot in der DDR; 1964 Ausreise in die Bundesrepublik, freie Schriftstellerin in München; 1964 Bremer Literaturpreis, 1975 Kritikerpreis. Lyrik: *Die Steine von Finisterre* (1960), *Schwalbe von Olevano* (1969), *Müßiggang ist aller Liebe Anfang* (1979), *Sämtliche Gedichte* (1984).
Die Ballade vom blutigen Bomme, Hört weg! und *Die Gerechten*, in: Sämtliche Gedichte, Eremiten Presse, Düsseldorf 1984. © Verlag Eremiten Presse, Düsseldorf.

Jürgen Rennert,

geb. 1943 in Berlin-Neukölln; 1953 Übersiedlung zu den Eltern in die DDR; 1959–1962 Ausbildung zum Schriftsetzer, 1964–1975 Werberedakteur im Verlag Volk und Welt, 1975–1990 freier Schriftsteller und Übersetzer, lebt in Berlin. 1979 Heinrich-Heine-Preis. Lyrik: *Poesiealbum* (1973), *Märkische Depeschen* (1976), *Hoher Mond* (1983).
Mein Land ist mir zerfallen, in: Verlorene Züge. © Lyrikedition 2000, München.

Thomas Rosenlöcher,

geb. 1947 in Dresden; arbeitete als Handelskaufmann und nach einem Studium als Arbeitsökonom; 1976–1979 Studium am Institut für Literatur »Johannes R. Becher«; lebt seit 1983 als freier Schriftsteller bei Dresden; 1989 Georg-Maurer-Preis. Lyrik: *Ich lag im Garten bei Kleinzschachwitz* (1982), *Schneebier* (1988).
Der Garten, Erstveröff.: Jahrbuch der Lyrik 1985, hrsg. v. Christoph Buchwald u. Ursula Krechel, Luchterhand Literaturverlag, Darmstadt 1985.
Der Wald, Erstveröff.: Jahrbuch der Lyrik 1987, Luchterhand Literaturverlag, Darmstadt 1987.
Die Verlängerung, in: Ich lag im Garten bei Kleinzschachwitz. Gedichte und 2 Notate, Mitteldeutscher Verlag, Halle/Leipzig 1982. © Suhrkamp Verlag, Frankfurt/M.

Kathrin Schmidt,

geb. 1958 in Gotha; 1976–1981 Psychologie-Studium in Jena; 1981–1982 wissenschaftliche Assistentin an der Karl-Marx-Universität Leipzig, ab 1983 Arbeit als Kinderpsychologin, 1986–1987 Sonderkurs am Institut für Literatur »Johannes R. Becher«; seit 1994 freie Autorin, lebt in Berlin-Mahlsdorf. Lyrik: *Poesiealbum* (1982), *Ein Engel fliegt durch die Tapetenfabrik* (1987).
grenzblick, wie zur probe, in: Go-In der Belladonnen, Kiepenheuer & Witsch, Köln 2000. © Verlag Kiepenheuer & Witsch, Köln.
Tapetenfabrik, in: Ein Engel fliegt durch die Tapetenfabrik, Verlag Neues Leben, Berlin 1987. © Verlag Neues Leben, Berlin.

Eva Strittmatter,

geb. 1930 in Neuruppin; 1947–1951 Studium der Germanistik, Romanistik und Pädagogik in Berlin; 1951–1953 wissenschaftliche Mitarbeiterin beim Deutschen Schriftstellerverband, ab 1953 in der Redaktion der Zeitschrift ›Neue Deutsche Literatur‹, freie Schriftstellerin; lebt in Schulzenhof/Brandenburg; 1975 Heinrich-Heine-Preis. Lyrik: *Ich mach ein Lied aus Stille* (1973), *Mondschnee liegt auf den Wiesen* (1975), *Die eine Rose überwältigt alles* (1977), *Zwiegespräch* (1980), *Heliotrop* (1983), *Atem* (1988).
Mein Dorf, in: Sämtliche Gedichte, Aufbau-Verlag, Berlin 2006. © Aufbau-Verlag GmbH & Co. KG (das Gedicht erschien erstmals 1973 in *Eva Strittmatter: Ich mach ein Lied aus Stille. Gedichte. Nachwort von Hermann Kant* im Aufbau-Verlag).

Brigitte Struzyk,
geb. 1946 in Steinbach-Hallenberg/Thüringen; 1964–1965 Volontariat an den Städtischen Bühnen Zwickau; 1965–1969 Studium der Theaterwissenschaften in Leipzig, danach Dramaturgin am Gerhart-Hauptmann-Theater Görlitz/Zittau; 1970–1982 Lektorin beim Aufbau-Verlag; seit 1982 freie Schriftstellerin, lebt in Berlin. Lyrik: *Poesiealbum* (1978), *Leben auf der Kippe* (1984), *Der wild gewordene Tag* (1989).
Die Dirnen in der Kirche, in: Leben auf der Kippe, Aufbau-Verlag, Berlin 1984. © Aufbau Verlag GmbH & Co. KG, Berlin.

B.K. Tragelehn,
geb. 1936 in Dresden; arbeitete seit 1958 als Regisseur u.a. am Berliner Ensemble, nach Arbeitsverbot in der DDR seit 1979 an Theatern der Bundesrepublik; lebt seit 1989 als Schriftsteller in Berlin. Lyrik: *NÖSPL* (1982/1996).
Grundschule in: NÖSPL. Gedichte 1956–1981, Verlag Stroemfeld/Roter Stern, Basel/Frankfurt/M. 1982. © Verlag Stroemfeld/Roter Stern, Basel/Frankfurt/M.

Hans-Eckardt Wenzel,
geb. 1955 in Kropstädt bei Wittenberg; 1976–1981 Studium der Kunstwissenschaften und Ästhetik an der Humboldt-Universität Berlin; ab 1981 freischaffender Künstler; bis 1985 Texter, Regisseur, Gitarrist, Komponist und Schauspieler des Liedertheaters »Karls Enkel«; danach bis 1999 Kabarettprogramme mit Steffen Mensching; lebt in Berlin. Lyrik: *Poesiealbum* (1983), *Lied vom wilden Mohn* (1984), *Antrag auf Verlängerung des Monats August* (1986).
Schmuggerower Elegie II, in: Lied vom wilden Mohn, Mitteldeutscher Verlag, Halle/Leipzig 1984. © Hans-Eckardt Wenzel.

Paul Wiens,
geb. 1922 in Königsberg, gest. 1982 in Berlin; Kindheit in Berlin, als Sohn einer Halbjüdin 1933 Emigration in die Schweiz; ab 1942 Untergrundarbeit für die KPD in Berlin; 1943 Deportation ins KZ; nach Kriegsende Hilfslehrer in Wien; 1947–1950 Lektor und Übersetzer beim Aufbau-Verlag, danach freischaffender Autor; 1959 Nationalpreis der DDR, 1962 Heinrich-Heine-Preis. Lyrik: *Beredte Welt* (1953), *Dienstgeheimnis* (1968), *Vier Linien aus meiner Hand* (1972), *Innenweltbilderhandschrift* (1982).
Berlin dreiundfünfzig, in: Vier Linien aus meiner Hand. Gedichte 1943–1971, Verlag Philipp Reclam jun., Leipzig 1972. © Maria Wiens.

Die Bibliographie nennt nur die wichtigsten, bis 1989 erschienenen Lyrikbände.

Die Herausgeber danken Roland Berbig für Rat und Hilfe, sie entschuldigen sich dafür, daß es ihnen in einigen Fällen nicht gelungen ist, die Rechtsinhaber festzustellen; der Verlag ist bereit, sie wie alle anderen Autoren zu honorieren.

Denk ich an Deutschland ...

Vaterland, Muttersprache
Deutsche Schriftsteller und ihr Staat seit 1945
Die wichtigsten Auseinandersetzungen deutscher Schriftsteller mit ihrem Staat
seit 1945: offene Briefe, Reden, Aufsätze, Gedichte, Manifeste, Polemiken – bis
zum Ende der Zweistaatlichkeit.
Mit einem Vorwort von Peter Rühmkorf. Zusammengestellt von Klaus Wagenbach, Winfried
Stephan, Michael Krüger und Susanne Schüssler. Halbleinen. 476 Seiten

Stephan Hermlin   Abendlicht
Ein glänzend geschriebenes Portrait deutscher Irrungen, das unsere jüngste Ge-
schichte in absurden, bitteren, zu Herz und Verstand gehenden Bildern nacher-
zählt. Das wichtigste Buch des großen Schriftstellers.
SALTO. Rotes Leinen. Fadengeheftet. 96 Seiten

Johannes Bobrowski   Im Strom
Gedichte und Prosa
Der Dichter und Chronist »Sarmatiens«, der Landschaft zwischen Ostpreußen
und Litauen wird hier in einer repräsentativen Auswahl vorgestellt.
Auswahl und Nachwort von Klaus Wagenbach.
SALTO. Rotes Leinen. Fadengeheftet. 96 Seiten

Atlas
Deutsche Autoren über ihren Ort
Orte und Landschaften, beschrieben von deutschen Autoren als ihre Orte der
Erinnerung: Eine klassische Sammlung.
Herausgegeben und mit einem neuen Vorwort von Klaus Wagenbach.
Gebunden. 320 Seiten mit vielen Abbildungen

Erich Fried   Mitunter sogar Lachen
Erinnerungen
Die Lebenserinnerungen des großen Lyrikers, politischen Moralisten und bedeu-
tenden Übersetzers, den die Nazis als jungen Mann aus Wien vertrieben und der
in England eine neue Heimat fand.
Quart*buch*. 160 Seiten

Kafka lesen und sehen

Klaus Wagenbach   Franz Kafka
Biographie seiner Jugend
Die grundlegende Biographie über den jungen Kafka – eine immer wieder zitierte Quelle aller nachfolgenden biographischen Arbeiten. Erweitert und neu kommentiert.
Gebunden mit Schutzumschlag. 384 Seiten mit vielen Abbildungen. Lesebändchen

Franz Kafka. Bilder aus seinem Leben
Vierte, veränderte und stark erweiterte Neuausgabe des klassischen Bildbands mit vielen neuen Photographien und Dokumenten.
Bisher 52.000 verkaufte Exemplare!
Herausgegeben von Klaus Wagenbach. Leinen. Fadenheftung. 256 Seiten mit ca. 650 Abbildungen. Der Band enthält – wie bisher – sämtliche Portraits Kafkas

»Als Kafka mir entgegenkam ...«
Erinnerungen an Franz Kafka
Freunde, Verwandte und Bekannte erinnern sich an Kafka. Manchmal überraschend, manchmal widersprüchlich, ergibt sich aus dem Chor der Stimmen ein farbiges Bild. Sie lassen eine Persönlichkeit lebendig werden, ihre sparsamen Gesten, ihre Höflichkeit, das Lächeln und immer neues Staunen.
Herausgegeben von Hans-Gerd Koch. WAT 528. 240 Seiten mit vielen Abbildungen

Hans Gerd Koch   Kafka in Berlin
Eine historische Stadtreise
Berlin war die Sehnsuchtsstadt des Prager Autors und Versicherungsbeamten Franz Kafka. Hans-Gerd Koch erzählt die Geschichte dieser Sehnsucht und lässt uns mit Kafka in das legendäre Berlin des frühen 20. Jahrhunderts reisen.
SALTO. Rotes Leinen. Fadengeheftet. 144 Seiten mit vielen zeitgenössischen Photos

Franz Kafka   Ein Landarzt
Kleine Erzählungen
Der schönste Erzählband Kafkas, in der Fassung der Erstausgabe. Mit einem Bericht über die einzelnen Erzählungen und ihre Quellen.
Herausgegeben und mit einem Nachwort von Klaus Wagenbach
SALTO. Rotes Leinen. Fadengeheftet. 88 Seiten mit Abbildungen

Kleine Romane für eine Nacht

Fernando Pesssoa   Ein anarchistischer Bankier
Die wahren Anarchisten werden Bankiers. Eine verblüffende Erkenntnis, über-
zeugend vorgetragen von dem großen portugiesischen Autor.
Übersetzt und mit einem Nachwort versehen von Reinhold Werner.
SVLTO. Rotes Leinen. Fadengeheftet. 96 Seiten

Natalia Ginzburg   So ist es gewesen
Die lakonisch erzählte Geschichte einer Dreiecksbeziehung: Liebe, Leidenschaft,
Verzweiflung, Eifersucht - und am Ende ein tödlicher Schuß.
Mit diesem von Italo Calvino enthusiastisch begrüßten Roman erlebte Natalia
Ginzburg ihren literarischen Durchbruch.
Aus dem Italienischen von Maja Pflug. WAT 590. 96 Seiten

Alan Bennett   Die souveräne Leserin
Eine Liebeserklärung an die Queen und an die Literatur – wer hätte gedacht,
dass das zusammenpasst?! Ein Bennett at its best – very British, wie immer, und
von so umwerfender Komik, dass Ihnen der Bowlerhat hochgeht!
Bisher 250.000 verkaufte Exemplare!
Aus dem Englischen von Ingo Herzke. SVLTO. Rotes Leinen. Fadengeheftet. 120 Seiten

Antonio Tabucchi   Piazza d'Italia
Ein Familienroman über drei Generationen: Rebellen sind sie allesamt, die Män-
ner und Frauen dieser toskanischen Familie, aus Tradition, Temperament und
Lust am Gegenläufigen. Und sie kämpft für Gerechtigkeit.
Aus dem Italienischen von Karin Fleischanderl. Quartbuch. Leinen. 192 Seiten

Jorge Edwards   Der Ursprung der Welt
Ein scheinbar harmloser Museumsbesuch verändert das Leben eines angese-
henen Arztes. Vor einem berühmten Bild kommt ihm ein unheilvoller Gedanke:
Stand seine eigene Ehefrau Modell für Aktfotos? Ein turbulenter Roman über
die Kraft der Phantasie und der Eifersucht.
Aus dem chilenischen Spanisch von Sabine Giersberg. Quartbuch. Gebunden mit Schutzum-
schlag. 176 Seiten

Einladung nach Italien

Nach Italien! Anleitung für eine glückliche Reise
Eine Hand- und Kopfreichung für den Reisenden, der mit guten Vorsätzen, aber wenig Kenntnissen ins Land der Zitronen fährt. Ein heiteres Lesebuch über das, was den Reisenden in Italien erwartet.
Herausgegeben von Klaus Wagenbach
SALTO. Rotes Leinen. Fadengeheftet. 144 Seiten mit vielen Abbildungen

Klaus Wagenbach   Mein Italien, kreuz und quer
Zum vierzigsten Jubiläum des Verlags hat Klaus Wagenbach Italien neu besichtigt. Ein umfangreiches Kompendium: Italienische Schriftsteller erzählen von ihrem Land, kreuz und quer.
Quart*buch*. Gebunden. 384 Seiten

Florenz
Eine literarische Einladung
Goethe hat Florenz nicht beachtet, weil ihm sein Reiseführer die Stadt als unbedeutend darstellte. Reiseführer irren. Hier beschreiben Schriftsteller Florenz als Ort der Kunst, der Sprache und der Narretei.
Herausgegeben von Marianne Schneider
SALTO. Rotes Leinen. Fadengeheftet. 128 Seiten mit Abbildungen

Rom
Eine literarische Einladung
Roma? Roma! Die Stadt, in die alle Wege führen. Ein Besuch mit Schriftstellern als Reiseführer und zugleich ein Blick auf die italienische Gegenwartsliteratur.
Mit einem Vorwort von Luigi Malerba. Herausgegeben von Margit Knapp.
SALTO. Rotes Leinen. Fadengeheftet. 144 Seiten

Neapel
Eine literarische Einladung
»Neapel sehen und sterben« – wie sieht das Objekt des alten Sehnsuchtsspruchs heute aus? In diesem Buch laden zeitgenössische Schriftsteller zu einem Besuch ihrer Stadt ein.
Herausgegeben und mit einem Nachwort von Dieter Richter
SALTO. Rotes Leinen. Fadengeheftet. 144 Seiten mit Illustrationen von Franziska Neubert

© 2009 Verlag Klaus Wagenbach, Emser Straße 40/41, 10719 Berlin
Wir bedanken uns bei den Autoren und Verlagen für die freundliche Genehmigung zum Abdruck (siehe Autoren- und Quellenverzeichnis, S. 157). Umschlaggestaltung Julie August unter Verwendung von Autorenportraits (von links nach rechts und oben nach unten: Heiner Müller, Volker Braun, Karl Mickel, Christa Reinig, Sarah Kirsch, Peter Huchel, Stephan Hermlin, Wolfgang Hilbig) von Roger Melis (entnommen mit freundlicher Genehmigung dem Bildband Roger Melis: Künstlerportraits. Fotografien 1962–2002, Lehmstedt Verlag, Leipzig 2008). Gesetzt aus der Garamond. Vorsatz- und Einbandmaterial von peyer graphic gmbh, Leonberg. Gedruckt und gebunden auf chlor- und säurefreiem Papier (Schleipen) von Pustet, Regensburg. Printed in Germany. Alle Rechte vorbehalten.

ISBN: 978 3 8031 3222 2

© 2009 Verlag Klaus Wagenbach, Emser Straße 40/41, 10719 Berlin

Wir bedanken uns bei den Autoren und Verlagen für die freundliche Genehmi-
gung zum Abdruck (siehe Autoren- und Quellenverzeichnis, S. 157). Umschlag-
gestaltung Julie August unter Verwendung von Autorenportraits (von links nach
rechts und oben nach unten: Heiner Müller, Volker Braun, Karl Mickel, Christa
Reinig, Sarah Kirsch, Peter Huchel, Stephan Hermlin, Wolfgang Hilbig) von Ro-
ger Melis (entnommen mit freundlicher Genehmigung dem Bildband Roger Melis:
Künstlerportraits. Fotografien 1962–2002, Lehmstedt Verlag, Leipzig 2008). Ge-
setzt aus der Garamond. Vorsatz- und Einbandmaterial von peyer graphic gmbh,
Leonberg. Gedruckt und gebunden auf chlor- und säurefreiem Papier (Schleipen)
von Pustet, Regensburg. Printed in Germany. Alle Rechte vorbehalten.

ISBN: 978 3 8031 3222 2